辞めない選択

専門職だからできる
組織の生き抜き方・人の育て方

豊田順子
Toyoda Junko

目次

第1章　「女性アナウンサーのリアルストーリー　鬼教官誕生篇」　5

第2章　「鬼教官」の新人育成ポイント　21

鍛え方、育て方の温故「変」新　22
叱るより前に、まず状況確認から　28
注意をするのは「小部屋」か「大部屋」か　32
「しつこい愛情」が新入社員を育てる　36
黙ることが私の言葉になる時　40
チャンスに気づかない人は化けられない　42

第3章　「女性アナウンサーのリアルストーリー　スポーツ篇」　47

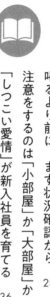

第4章　自分の身を守る社内コミュニケーション術　75

「喜怒哀楽」のうち私が出すのは「喜」と「楽」　76
「小さいごめん」をきちんと言えば、「大きいごめんなさい」はせずに済む　79
「3の法則」~伝えたいことは3つに絞る　82
正論は相手に言わせ、理論武装で身を守る　85
メールにわずかな体温をのせる　90
部下との会話でも注意。人をいら立たせる話し方　95

第5章　チームで生き残るための組織論　103

「エース」以外にも役割はある　104
アナウンサーのワークシェアリング　110
ネットワークは社内から　114
飽きっぽさ転じて孤独なバランサー　118
上司と部下のあいだにある会社の狙い　122

第6章　「女性アナウンサーのリアルストーリー　報道篇」　127

第7章　次世代のアナウンサーへのアドバイス　157

「均等法世代」のプロ意識　158
日本語の素晴らしさを大切する気持ちが、アナウンサーのモチベーションになる　160
立場を当たり前と思う「慣れ」は不要。創造力があれば緊張感を維持できる　163
仕事を面白がる「好奇心」が言葉の説得力につながる　165
ノーメイクで出社しない理由　166
SNS時代のアナウンサーの「自立」と「自律」　168
幅広いインプットが仕事の付加価値を高める　170

第8章　私が新人アナウンサー研修でやっていること　173

おわりに　会社に残ることがアンチエイジングにつながる　187

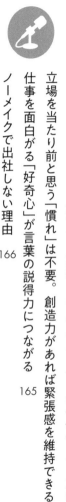

STORY

第1章

女性アナウンサーのリアルストーリー

●

鬼教官誕生篇

悩みの先に見えてきた新人研修

私が20代の頃、例えば『スポーツうるぐす』に出演している姿を見たことがある方が、この女性アナウンサーが将来「鬼教官」と呼ばれることになるとは、思いもよらなかったと思います。私自身も全く想像していませんでした。

若い頃から私に、少しでも「鬼」の気配が醸し出されていたとするなら、後の『鬼滅の刃』ブームを考えると、それはそれで良かったということになるのでしょうか？　いや、やっぱり怖いですよね……。

２０１５年に『1億人の大質問⁉︎　笑ってコラえて！』で、同年入社、アナウンス部に配属された新入社員達が研修を受ける様子が放送されました。映像はドキュメンタリータッチになっていましたが、バラエティ番組の枠内でのオンエアですので、面白さを強調するための演出・編集がある程度施されています。研修教官を務めるキャリア25年のベテランアナウンサーとして登場した私の言動は、編集によってより厳しさ、怖さが強調されていました。キャラクターとしては、鬼教官であり、新人がデビューできるかどうかの最終関門に待ちかまえる「ラスボス」という感じでしょうか。

私はこの映像用に研修教官を「役」で演じたわけではありません。実際に私は2000年代前半から日本テレビの新人研修・人材育成に関わるようになり、今も担当しています。厳しく新人や後輩達にアナウンサーの心構え、必要な知識や技術をレクチャーし続けています（本人は優しく教えているつもりですが……）。その点はリアルなドキュメンタリーです。

私にとって新人研修・人材育成は、とても大切な仕事なのです。視聴者の方には、番組に出ていない時のアナウンサーが何をやっているのか、その実態が伝わる機会は少ないと思います。私達はアナウンサーである以前に、「日本テレビ放送網株式会社の社員」ですので、他の企業と変わらない業務もありますし、社歴を重ねる上で悩みも生まれてきます。私がアナウンサーとしての転換期を迎え、社内での居場所を見失いかけていた時、専門職としての自分を見つめ直し、新人研修・人材育成こそ「私のやるべき仕事だ」と思えたのです。

アナウンサーとしての順調な道程

1990年に日本テレビに入社してから、私はアナウンサーとしての道程を順調に歩んできたといえるかもしれません。98年にスポーツから報道へとジャンルの転換はありましたが、入社してから今まで、出演するレギュラー番組が途切れることは、ほとんどありませんでした。

新しい番組がスタートして、いずれは終わる。テレビ局はその繰り返しです。自分が出演している番組の打ち切りを告げられないことなんて日常茶飯事。スタッフのあいだにどことなく終わる気配が漂ってきて、プロデューサーに「この番組、終わるのでしょうか?」と単刀直入に聞いたら、「あれ、知らなかった?」みたいな場面は、私にとってよくあるデジャヴです。そんな中でカメラの前に立ち続けられたのですから、本当にありがたい限りです。

もちろんこれは私の才能や努力による結果ではありません。ある程度は認められたものもあったかもしれませんが、アナウンサーも1人の会社員ですから、運命は常に会社の手に握られています。私が仕事を徐々に覚えていき、成長できたのは、昭和世代のビジネスマナーを色濃く残した先輩・上司のガサツ・ガッツ・ガチンコの厳しさに体当たりしながら、業務の基本を叩き込まれてきたからです。そして、女性が仕事を続けていく難しさとの我慢比べを生き抜いてきたからです。これはアナウンサーだけではなく、男女雇用機会均等法の施行を受けてバブル期に入社し、コンプライアンスの時代になった今も企業で働き続けている女性なら共通した感覚ではないでしょうか。

番組降板から「地道な業務」へ

2003年、37歳の時に私は『NNNきょうの出来事』のフィールドキャスター（「フィールドキャスター」については6章で詳述）を降板しました。以降、「攻め」の出演ではなく、週末の深夜ニュースと情報番組『ズームイン!! SUPER』のニュース企画といった、守備的な役割が求められるようになりました。

私が辿った道は決して珍しいケースではなく、当時の女性アナウンサーにとっては予想の範囲内だといえるでしょう。今の30代半ばの女性アナウンサーの中には、バリバリの現役として自分の仕事だけに邁進できている人もいますが、20年前は30歳を過ぎたら新規レギュラーの仕事は減っていくのが当たり前でした。

それからはアナウンサーの仕事だけでなく、空いた時間はアナウンス部のために「これをやってもらえる？」といった振られ方で降りてきた、裏方の業務をこなすことが増えていきました。部のマネージメント業務や放送済みの資料などを片づける雑務。大切な仕事ではありますし、実は私はコツコツと手間のかかることは嫌いではないため、1人で黙々とこなしていました。歴代のアナウンサーが残した膨大な資料の整理まで手をつけていた私に対して、部内では「豊田は手間のかかる仕事担当」「頼めばなんでもやってくれる」みたいな雰囲気もだんだんと生まれていきました。私自身は、週末のオンエアと地道な業務でフル回転していたつもりでしたが、周りからはヒマに思われていたのかもしれません。我慢の時代だったと思います。もし私が異動でいなくなったら、私がやっていた「地道な業務」の意味が初めてわかるんだろうなと思いながら、気持ちを振り切って、割り切って仕事を続けていました。

私に申告できる「成果」とは？

日本テレビの人事部は、2000年から成果申告制度を導入しました。これによって半期ごとに行われる上司との面談の場で、仕事の希望や成果を伝える機会ができました。

私も後に管理職に登用されるまでこの面談を受けてきましたが、胸を張って申告できるような華やかな成果があるわけでもなく、制度導入当初はあたり障りなく受け答えしていました。提出する報告書も自分の感想や気持ちは入れず、淡々と事実だけを書きました。部内のマネージメントに関わる電話を一手に引き受け、シフトの管理業務を何百時間やりました——そんな感じですね。具体的な数字を加えた報告には「誰もいないでしょ、こんなにやっている人は」という気持ちも少しだけ込められていたかもしれません。アナウンス部にかかってくる仕事発注の電話は、今でこそ十数人いるデスク担当者が受けていますが、1週間私だけで受けていたことがありましたから。

改めて振り返ると、この面談で向き合う相手は会社や上司ではなく、自分自身だったような気がします。電話の本数、業務にかかった時間数を具体的に記してみると、自分の仕事を可視化することができました。そうすると今の自分はクサるほど八方ふさがりの状態ではないし、ゼロから自分は何ができるかを考える冷却期間だと思えるようになったのです。同時に、会社の商品としての後輩達の仕事も客観的に観察することができ、そんな時に大切だと考えられるようになったのが新人研修・人材育成だったのです。

アナウンサーだからできるアナウンサーの育成

学生時代から私を突き動かしてきたものは、「見たい、聞きたい、知りたい、学びたい」という好奇心。その好奇心をベースに、入社してからはいつも仕事の進め方やアナウンサーとしての技術を模索して、もがいてきたように思います。先々に面倒見が良く、教え上手な先輩達がいて、要所要所で愛情あるコメントやアドバイスを受けたことはありましたが、アナウンサーとしての将来の方向性を示されることなどなく、半年先の自分がどうなっているのかさえ想像できませんでした。昔から新入社員には研修期間がありましたが、専門職であるアナウンサーに関しては「現場で覚えるしかない」「見て盗むしかない」という徒弟制度のような考え方が主流で、会社や部署全体でつくり上げたシステムもカリキュラムもありませんでした。

今はアナウンサー志望者が、アナウンサー専門学校に行くことが増えてきた時代でもあります。主に学生の志望者が学ぶのは採用試験でのテクニックだと思いますが、入社後「私はこれでゴハンを食べていくんだ、プロになるんだ」と覚悟が定まってからのほうが、本当に学ぶべきアナウンサーの技術・心構えは明確になってくるでしょう。

また、育成に対する思いとして、アナウンサーの気質を分かっているのはアナウンサー自身だという確信がありました。だから、アナウンサーを育てるのは、アナウンサーが一番手っ取り早い（笑）。何よりも自分の経験を語れます。時代の変化も見てきているし、アナウンサーを現場で受け入れるスタッフのことも把握しているので、それを教えることもできます。教える側にとっても、自分の経験を語ることで仕事の学び直しや検証ができ、それが会社のいわば財産になり、きちんと形に残って継承されていくはずです。

2002年から新人アナウンサーの研修、系列局や関連会社での人材育成に少しずつ関わり始めていた私は、これが私の進むべき道だと思い、2004年に日本テレビが汐留新社屋に移転したのを機に、新人研修・人材育成業務に本腰を入れ始めたのでした。

鬼教官誕生

新人研修・人材育成を担当するようになり、私は「自分がやるべきことを見つけた」と前向きになりましたが、業務としては地道なものであり、その後、社内で大きく注目されることもなく10年が過ぎました。そして、ようやく自分なりにこの業務の奥深さを分かってきたなと思えた頃、上司から唐突に「『～笑ってコラえて』で新人研修にカメラ入れて、放送するから」と言われたのです。「やっていいか？」でも「やってくれるか？」でもなく、さらに「よろしくね」でもなく、いきなりボンと下りてくるこの感じ、我が社らしい「業務命令」でした。

そうと決まってからの動きは早い。テレビで研修のリアルさをどのくらいの塩梅で見せるのがいいかを考えて、ディレクター陣にこと細かく説明しました。やさしいだけではなく、それなりの厳しさを示す必要があること。研修の意図を汲んだ内容にしてほしいこと。新人達を守るために、極端な編集は避けてほしいこと。

ずっと孤独に新人研修を担当し、10年のあいだ試行錯誤を繰り返してきた私にはそれなりの理論武装ができている状態になっていました。

番組は視聴者の共感を得られる内容でした。日本テレビはきちんと新人を育てる気があるのか？　どんな新人研修をやっているのか？　という世間やマスコミの目に対して日本テレビの姿勢を見せることができました。私の鬼教官ぶりをフィーチャーしながら、単に新人に厳しく当たるだけではなく、成果を出させて最後までしっかりと面倒を見る。新人達もひたむきにデビューへ向けて挑戦を続ける。私が力説した育成の意図をしっかり伝えてくれるオンエアを観ながら、すべての巡り合わせがカチッとはまって、この放送に辿り着いた幸運を強く感じました。本当にありがたかったです。

演出がリアルなキャラクターに

『～笑ってコラえて』だけではなく、その後『人生が変わる1分間の深イイ話』でも新人研修ドキュメンタリーは放送されています。デビューする時点で「即戦力」としてカメラの前に立てるよう、私が作成してきた総合的なカリキュラムをもとに、現役の先輩アナウンサー達が与えられた課題をレクチャーする姿が毎年オンエアされています。研修全体の流れは、ほぼ定着し、私が担当しなくても「日本テレビ・アナウンス部の新人研修は一定レベルの内容を教えられる」という流れができました。そんな中、いつも私が新人とセットで出演しているのは、あくまで新人を盛り上げるためです。

ほめてばかりのところではなく、研修中の流れで私がポロッと口にしたきついひと言が、繰り返し放送に使われます。実際には1回しか言っていなかった言葉や私自身が実践してみせた部分を強調したりして、「おお、そう使ってくるか!」と思いながら、オンエアを観ています。私のひと言が視聴者に届くか、腑に落ちるかという判断は番組ディレクターによるものであり、私は研修官として、部長には「アナウンス部として認められるかどうかの確認はやってくださいね」とお願いしつつ、個人的にはこれくらいだったら問題ないだろうと思っています。

「鬼教官なんてイヤ」などと文句を言い始めたら、部署間の信頼関係にも関わりますし、ディレクターもこの企画を面白がれなくなるわけですから、そこを受け止める度量は持っていたいと思っています。モラルに関わる部分はきっちり意見を言いますが、テレビの遊びの部分も理解しています。

そもそも私自身がテレビを観て育ってきて、テレビが大好きなので、「遊び」の部分は許せるどころか大歓迎です。この番組にかかわらず、自分がどんな感じに描かれるのかということに関しては、私は制作サイドにお任せしています。だから鬼教官役も煮るなり焼くなりして、「どうぞよしなに」と現場を後にします。アナウンサーは俳優ではないので、それを「私のイメージが……」などと言い始めたら、もうキリがなくなってしまいますから。

番組内の役割だった鬼教官というキャラクターは、今やアナウンサー・豊田順子のキャラクターになりましたが、それを含めて番組のスタッフには感謝しています。

スペシャリストからの脱皮

『～笑ってコラえて』で新人研修の様子が放送された前年、私はアナウンス部専門副部長になりました。

管理職が会社員のゴールではありませんが、我慢の時代がここにつながったという実感はあります。手放しに「ああ、楽しい」とは言えない、自分の本命ではない仕事でも、そこに何か見出すものがあったからこそ、今も私は会社員として生き残ってきたと思うのです。

組織にはゼネラリストとスペシャリストの道があります。スペシャリスト＝専門職は、どの会社でも、本当の一人前になるまでの育成の労力や時間、経験といった「会社からの一種の投資」を受ける状況にあるかと思います。アナウンサーも専門職です。経営の目で見れば、アナウンサーは一人前になってからでも、直接お金を稼ぐ職種ではなく、むしろ放送内容を充実させるためにお金を使わせてもらう側に入ります。華やかな場で仕事ができる喜びを理解しながら、お金に代わる付加価値を生み出すことが常に求められます。一方で、テレビの現場は驚くほど新陳代謝が早い……。

30代になると先輩達がそうであったように、仕事の軸足は番組出演より社内業務にシフトしました。そういう私の背中を後輩達は見ています。

しかし、組織というのは変わらないように思えて、少しずつ色々な変わり方をするということを、勤続30年が過ぎた今、実感しています。専門職の私が生き残っているというのが、そういうことなのだと思うのです。

もし、企業に勤めていて、専門職からゼネラリスト＝総合職への転換期、またはその両立に悩んでいらっしゃる女性がいたら、今の状況が本意ではないからといって安易にあきらめないでください。組織は人も風土も変化していきます。私もまさか自分が入社した時の女性先輩アナウンサーの最高齢を超えて、現役でいられるとは、想像もしていませんでしたが、これからの時代こそ女性が会社の中で生きていける道は必ずあるのだと思います。

「ベテラン」の未来

明るく若さが第一のスポーツ中継担当から、深い洞察力と緊張が強いられるニュースリポーターとなり、新人研修の鬼教官へ。「イメージが変わった」と言われるたびに、私はほめ言葉を受け取った気分になります。組織の中にいて変わっていける自分がうれしいし、逆に変わらないことのほうがもったいないと思ってしまいます。

ベテランアナウンサーという立場になり、落ち着いているように見られますが、週に2回、5分や10分のニュースでも、その時に何が起こるかわからないという怖さ・緊張感は常に持ち続けています。年齢的な体力の衰えはありますが、その分、集中力の精度は高まっている感があるのです。週末に出演する際の報道フロアでプレーヤーとしての感覚をリセットさせてもらうことで、さらに若手育成に臨めるという相互作用も働いていると思います。アナウンサーとしても、下の世代の後輩と一緒に仕事ができるのは非常に充実感があります。

テレビを取り巻く環境や番組づくりもめまぐるしく変わってきていますが、日本テレビは、若い世代の視聴者を獲得するための番組が多いので、必然的に私の役割はカメラのない場所での仕事が多くなるでしょう。とはいえ、キャリアを重ねたアナウンサーが全く必要ないということではありませんし、テレビの現場が、うまく回っていくよう専門職として若手を支え続けることも大切な仕事だと思うのです。

この本では、アナウンサーという専門職である私が、勤続30年のあいだで、いかに専門的な技術と知識を身につけ、自分の居場所を探しながら組織の中で生きてきたのかを記しています。その内容は決して「華やかな女子アナ物語」などではなく、年齢を重ねて思い通りにならなくても会社を辞めるという選択をせずに、自分が納得できる価値観を模索してきた1人の女性社員の「リアルストーリー」です。

また、私が管理職として常日頃意識してきた、新人を育成するときのマインド、社内コミュニケーション術、リスクマネージメントなども、私と同じように働く女性に向けて書いてみました。昭和生まれの私が、テレビの世界で激変の平成を駆け抜け、令和となって思うことが、読者の、特に組織の中でがんばる女性に向けてのエールになれば、うれしく思います。

ADVICE

第
2
章

「鬼教官」の新人育成ポイント

鍛え方、育て方の温故「変」新

１９９０年に会社人生のスタートを切った私を待ち受けていたのは、男性社会の「昭和上司」でした。命令も叱責もジョークも、言いたいことをそのままベールもかぶせず、バンバン直球で投げてくるわけです。

毎日、「こいつは使えるか、使えないか」の一点だけでふるいにかけるかのような要求、怒号が飛び交う現場で、私たちは荒っぽく試されて経験を積んできました。

決して上司たちに悪気があったわけではなく、これが昭和から続くスタンダード。「俺もこういうふうにやって育てられた。だからお前も早く仕事を覚えろ」が鍛え方の一つの手段なのです。

ましてや私の世代は男女雇用機会均等法の第一世代。女性に問われたのは男性と同じように仕事をするという「覚悟」でした。皮肉にも均等法が働く女性たちに相当な負荷をかけた時代であり、それによって「自分が成長した」ことも実感できました。しかし平成から令和にかけて世の中の価値観はどんどん変わってきました。良くも悪くも仕事の成果を生んできた「上に従う文化」は見直され、若い世代の仕事に対するメンタリティも多様化してきています。

自分の経験を今度は若手にどう経験させるか？　次の世代に何を継承させるか？

この命題を考えるとき、私は今の時代は温故知新でなく、温故「変」新の時代だと思うのです。

昭和上司に叩き込まれた経験を大事にしながらも、それをそのまま実践するのではなく、今の時代に合った新しいやり方に変え、きちんと理論づけて伝えることで下の世代に新しい経験を積ませること。これができるのは、昭和、平成、令和を歩んできた私の世代ではないかと思います。

温故「変」新はまた、温故「変身」でもあります。

昭和の鍛えられ方の中には、今の時代には絶対に通用しないだろう理不尽なことも多々ありました。だから私は自分が嫌だったことは下の世代には絶対やらないと思っているのですが、逆に強烈に記憶に残っている分、それが染みついているのでしょう、不用意に出てしまうことがあるのです。結果、「あ、私、やられて嫌だったことを人にしている」と自己嫌悪に陥ったり……。

部下を育てるために、過去の経験に引きずられない。まず自分を変える。これを常に自分に言い聞かせています。

とはいえ、です。

この温故変新、「温故」と「変新」の塩梅がなかなか難しい。例えば昭和のキツイ球を封印すると、甘える若手の姿がはっきり見えてくるわけです。

私は基本的に本人の選択や判断がまずありきという主義ですが（私の新人時代にはありえなかったことの一つ）、さすがに周囲から色々な苦情や指摘が上がってくると、じゃあちょっと昭和のキツイ球を投げてみようかなとなります。

そうなると注意一つとっても、問題の本質を直接的に踏み込んで指摘するか、婉曲的に指導するか、あるいは本人の気づきを待つか——この塩梅を相手によって使い分けなければいけません。

私が40代のあたりから増えてきたなあと思うのは、垢抜けた外見とは裏腹の精神的に強くない、タフではないタイプ。メール世代の上をいくSNS世代というのでしょうか。自分のリアルな感情表現が苦手です。発声練習でも、「今、あなたは襲われました。近所の人に助けを求める声を出してください」という設定の時、その叫び声はなんとも軽い「キャー」なんです（笑）。「それで助かると思っている？」みたいな。感情のフレームでガーンという声が出ない。

本番で誤読をしてしまった場合もそうです。私だったらアナウンス部に帰ってきた際、「豊田さん、あれ、なんて言った？」と指摘されたら、「ヒッ！」とか「ハーッ！」とか全身がわななくわけです。新人時代は「やっちゃった！」と心臓がバクバクし、上司や先輩と目が合うと「きっとまた指摘される！」と緊張で胃がキリキリしました。

しかし、今のこの世代は誤読を指摘されても、「あ、間違えました」「え？　それで？」とリアクションがどうにも薄いのです。

このあっさり感、何？　と思ってしまいますが、私と若手の中間の世代（メール世代？）に言わせると、「あいつ、あれでも焦っているんですよ」ということになるそうです。

その中間の世代だって、私には驚きの世代でした。

日本テレビが麴町から汐留に社屋を移転した2003年のこと。アナウンス部には山のような紙資料があり、引っ越しの際にそれをどうするか決めなければなりません。時はアナログからデジタルへの移行の時期。いくらコンピュータの時代になることが分かっていても、私が自発的にその資料を確認し始めると、歴代の先輩達が実況コメントを練り込んできた格闘の跡、手書きの文字を見るにつけ、処分してしまうには忍びないものばかり……。「これはご本人に返そう」「これは新社屋に持っていこう」と、毎日大きな棚の前で、変色した紙資料を相手に孤軍奮闘していました。内心「手伝いましょうか？」と声をかけてくれる若手を期待しましたが、残念ながら誰一人声をかけてくれる人はいませんでした。

手書きの紙資料を前に先輩達の仕事ぶりに思いを馳せる「アナログ世代」の私と、「これからの自分達には必要のないもの」という無言のメッセージを示した「デジタル世代」の違いを、しっかり認識した出来事でした。

当時の私は30代後半。新人時代からその頃に至るまで、私は独りで生きてきたわけではなく、先輩達から教えられ、連綿と受け継いできたものによって動かされている、私の背中を押してくれる見えない力があると感じていました。「あれをしろ、これをしろ」と山ほどの命令を受けながらも、先輩が雑務に追われていたら自分から手伝うべきという「昭和の文化」が、すっかり身についていることを実感したものです

組織である以上、100パーセント全員が満足ということはありません。そんな中でも経験上、昭和のスパルタはダメ。しかし、スポイルしてしまってもいけない。黙っていては人は思うように動かないし、動かないからといってダメの烙印を押すのも間違い。

先輩からの恩を感じながら、後輩に託すことも大事なんだと考えるようになりました。

「健全な我慢をしよう。部下の考え方や努力に歩み寄り、結果を待つことも考えよう」。

そんなふうに自分が変わっていくのを感じました。

叱るより前に、まず状況確認から

入社当時の上司は皆さん、今、振り返るとぶっきらぼうながら、温かいハートの持ち主だったと感じていますが、現代ではパワハラと言われてしまいそうな強い口調で怒鳴られることも日常茶飯事でした。

私は上司から頭ごなしに、「なんであんなミスをしたんだ？」と問いつめられることが多かったので、自分はなるべくそういうことはしないと決めています。

部下や後輩達が仕事でミスをしたら、私の役割は同じミスを繰り返させないことだと思っています。

心がけていることは部下に対して、「怒る」ではなく「叱る」。さらに叱る前に、「どういう状況だったの？」とミスをしたときの本人や周囲の状況を問います。

状況の中にミスの原因が含まれていることも、けっこうありますから。

ケースバイケースで色々な事例がありますが、例えば「誤読」。番組で「○○」と伝えるべきところを「△△」と読んでしまったケースですね。

読み間違えですから、「何やっているの！」と叱ってしまえば、「すみません」と返ってきて、ここで終わってしまいます。でも、「なぜそう読んだの？」と聞くと、本人なりの状況説明（弁明？）が返ってきます。

「実はこう読んでくれというルビが振ってあったんです。で、そのルビが間違っていたわけなので……」

「読み方がわからなくて○△さんに聞いて、そのとおりに読みました」

こんなふうに本人のせいではない場合もあるわけです。その状況をスルーして読み間違えた結果だけで叱ってしまうと、本人も萎縮してしまいます。

ミスの状況が分かったら、どうすればよかったか、次に同じ状況になったら何をすべきか、一緒に分析しながら、指導につなげていきます。

この誤読の場合だったら、私の指導は「人が教えてくれても、もう一回改めて辞書で再確認することができるよね」です。

組織の中で仕事をする以上、本人以外の人が原因でミスが起こることも多々あります。

そういう時は、私が自分のキャリアから知り得た現場の情報を部下に伝えてあげます。

そそっかしい人、几帳面な人、のんきな人……。スタッフのキャラクターを説明して、

「○○さんが言ったことは、別の視点を持つ他の人にも確認しておいたほうがより安全だよ」とか「△△さんはいつも忙しい人だから最終確認は必ずね」といった具体的なアドバイスをします。

この場合、気をつけているのは、ミスのきっかけになった人のことを責めるような口調にならないこと。あくまで私が向き合うのはミスをした本人ですから。

それからもう一つ。実感してもらう意味で、「私だったらこうするな」「私はこう考えるよ」というたとえを出します。これは経験値という私の理論武装です。

私の時代は怒鳴られて、あとはほったらかし。誰も状況を聞いてくれませんでした。その分、自分の中で反省と分析をして、「ここは注意!」「この人には油断しない」といった独自のデータの引き出しをたっぷり蓄えてきましたから、自分なりに説得力があると思っています。

ミスというのは事前にいくら注意を払っていても、確実に防げるかどうかは分かりません。しかし自分の身を守り、現場に迷惑をかけないためにも、私はミスの後始末はあらかじめ考えておくべき仕事のポイントだと思っています。私もまた部下のミスから勉強していますし、「どういう状況だった?」と聞くことは、私自身の経験値をまた増やすことにもなります。

ミスの状況を再確認しながら、言葉の例をいくつか出して、「どれが当てはまる？」と聞くこともあります。「こっちですね」と返ってきたら、「そうだよね。この言葉をちゃんと知ってるじゃない」とほめる。些細なことですが、部下とこういう会話をすることは私の言葉のトレーニングにもなります。言葉を温めるというのでしょうか。これもまた、ミスをした部下への良いアドバイスにつながればいいなあと思っています。

注意をするのは「小部屋」か「大部屋」か

「他人の失敗に学ぶことはすごく大事なこと」というポリシーのもと、私は部下に注意をする時は1対1よりも、むしろ意識してみんながいるフロアを選びます。

男性上司の場合は、小部屋というか、小さな会議室に「ちょっと来い」となることが多い気がしますが、私は大部屋派（笑）。小部屋派の方は、本人のプライドを考え、人前で叱らない気遣いを優先しているのだと思いますが、アナウンサーという立場でのふるまいなどに関しては、私自身が別の人が指摘を受けている場にいたり、叱責の内容を聞いていたりしたことで、自分のトラブルやミスの防止につなげてきたタイプですから、大部屋で注意することに意味を感じています。

注意する側になった今も、本人への注意は「周囲への注意喚起」とセットです。この時ばかりは、眉間にしわを寄せた鬼教官ではなく、極力にぎやかなキャラクターになり、デスクに戻ってきた本人をつかまえる。そして「〇〇ちゃん、こういうミスがあったけれど、どうしちゃった？」と本人から事情を聞きながら「こういう言い方もあるよ」とか、「こういう別の表現があるよ」などと失敗防止の選択肢を示しつつ、「みんなも気をつけなさいよ」と注意喚起の拡散をする。もうずいぶん前から実践しています。

なんというか、お母さん的な叱り方と言えるかもしれません。ほら、お母さんって家庭の中で大きな声を出して叱るじゃないですか。姉を叱りながら、横にいる妹に「あなたもちゃんと見ているのよ！」と波状攻撃を繰り出す、あれです。部員が同じミスを繰り返さないよう、私が部内の「おせっかいお母さん」と思われるほうが得策なのです。

大勢の前で注意する理由は、「今の時代だから」ということもあります。

アナウンサーはカメラの前で、表情も含めて全身の動きを見られながら言葉を伝えます。視聴者の皆さんの言葉への意識も高く、一方で価値観も多種多様。昨今はアナウンサーの言葉の使い方や表現に関する指摘や叱責がとても多くなりました。同様にテレビに映し出されるアナウンサーの態度や表情にも非常に敏感です。

一方、若いアナウンサーは、入社するまで世代や立場の違う人とのコミュニケーションの機会が非常に少ない。失敗をした時のリアクションは、驚くほど無防備です。ミスを指摘されたあと、アナウンサーが不遜なふるまいをしてしまったら？　当然、次の仕事の依頼はなくなるでしょう。そのため、私はミスを注意をしながら、叱られる時の若手の反応も観察しているのです。小さな失敗自体は取るに足らないこと。むしろ、失敗を指摘された時の態度が好ましいものか、嫌われるかが、その人の将来を決めてしまうこともあるのです。

「これはまずい反応だ」と思った時は、私も小部屋での作戦を考えることになります。心が繊細な若手に大切なアドバイスをしてあげるには、使い分けが必要ですから。

昭和の時代は一方的にガンガン怒鳴り、平成になって叱る時は会議室に呼ぶという気遣いも生まれ、そして令和の時代に入りました。私はここ数年、社内で誰かが怒鳴られている光景を見たことがありません。私達の世代がチェンジメーカーになっているようにも思います。

私のアナウンサー人生30年の経験は、私の財産でもあり、同時にアナウンス部の財産でもあると考えています。若手に提示するアドバイスは、そんな財産のお福分けです。

ちなみに、「バカ野郎!」と部下を怒鳴りまくっていた「昭和の叩き上げ元上司」と、数年ぶりに食事をする機会がありました。当時のことを振り返りながら「あの頃の部長の怒り方をしたら、今の時代はパワハラ裁判で負けますよ」と言ったら、ご本人はしおらしく「そうだな」と反省しつつも「あの時代は良かった」とつぶやいていました(笑)。それもまた、一つの真実かもしれませんね。

当時の私のわだかまりを、今は笑って話せるようになったことも、私のアナウンサー人生の貴重な1ページです。

「しつこい愛情」が新入社員を育てる

私の現在の役職は「専門部次長」です。アナウンス部の女性管理職として、若手育成も重要な仕事の一つです。

新人研修では3ヵ月間、アナウンスメント技術からマスコミ人としての行動、心構えまで硬軟にわたって指導するわけですが、研修にあたって何よりも大事なことは、新入社員達に私を信じてもらうこと。

入社早々の新入社員は不安と希望が半々。生まれたてのヒナと同じで最初に見た動くものをお母さんと思って、ひたすらよちよち歩きでついてくる（笑）。とりあえず世間的に私の熱血指導のイメージは浸透しているようなので、新人アナウンサー達には「日本テレビに入ったら、この人が面倒を見てくれる」と思ってもらうことが大切。研修官としては、この点で良い「研修のスタート」を切ることができます。

「豊田が自分たちに目をかけてくれる」と全幅の信頼を置いてくれたら、そのあとは研修中に外野からの色々なプレッシャーが降りかかってきたとしても、それをはねのけるのが私の役目。安心して研修に集中できるよう仕向けます。

私を信じてくれた部下達のために、私がしなければいけないことは、必ず結果を出させてあげること。だから私の指導は我ながらしつこいのです（笑）。発声練習でも、正しい発声を確実に体得するまで何度も付き合います。

どの仕事もそうだと思いますが、ここさえ押さえておけば大丈夫というラインがあって、そこを越えられたらあとは本人の力でスーッと進んでいけるもの。だからこそ、そこまでは愛情をかけてしつこくやってあげるのです。

そうやってアナウンサーとしての基礎を身につけてもらい、「何を担当しても最悪のミスはしない」というところまで研修で仕上げてあげて、現場に送り出すわけですが、ここでもう一つ、私が大事にしていることがあります。

それは、私とつながりがある、信頼できるスタッフ情報を伝えてあげることです。もちろん、そのスタッフに会えば、ひと言「新人の○○をよろしくね」とお願いすることも忘れません。

小さなことですが、これは私の新人時代の苦い経験があるからです。

私の新人時代は今より何十倍もマッチョな昭和の男社会。

直属の上司や指導係的な先輩軍団がいて、他部署の偉い人がいる。現場に出れば自分が一番下っ端。誰の指示にも返事はYESしかない……。こっちで言われたことと、あっちで言われたことが全然違ったり、こっちに従うとあっちには「お前、言ったことやってない」と言われたり。おまけに様々な人達が新人の顔を見れば、とりあえず色々なことを言う。これは社風でしょうか（笑）。

肩書き的には誰が偉いのかは分かるのだけれども、誰を信じていいのか分からなくて、私はいつも迷い、悩んでいました。

当時と比べて今は社内の風通しが格段に良くなりました。だから、ひと声かけて上と下をつなげるという、小さな気遣いだけでお互いの信頼感が高まります。

つなげる――これも私の部下育成のキーワードですね。

「放送を見たよ。なかなかいい感じ。だけど、△×という言葉は誤解を招く可能性はあるよ。想像してごらん。私だったら○△を使うけど」

ちゃんと仕事ぶりは見ているんだよというエールを送りながら、「私だったら」という言葉で指導につなげる。

一つの仕事を終えたら、そのままで終わらせず「もっとプラスアルファの何かができたのではないか……？」と考え、話し合ってみる。そんな会話を大切にしています。

管理職ではありますが、アナウンサーの担当番組を決めるキャスティングは部長の仕事で、私は携わっていません。私の立ち位置はあくまで技術屋、専門職です。会社が決定した人事を技術屋としてフォローし、ブラッシュアップするのが私の役割です。

かつては「新人は新人にふさわしい場所で徐々に仕事を覚えてスキルアップしていけばいい」という見守り方でしたが、今はデジタル化にともない、生放送番組が多くなって、内容によっては失敗が許容されにくい時代。ましてや、日本各地で災害が頻発し、リアルタイムで中継・報道に切り換わることが増えている現状を考えれば「新人だからできません」は、もはや通用しません。私が専門職のキャリアを活かして育成方法を考案し、いざという時に力を発揮することができる人材を大切に育てることは、組織のマネージメントの一環となっているのです。

黙ることが私の言葉になる時

昨今の若手には失敗して先輩に叱られると、黙り込んでしまう人がいます。なおかつ、また同じ失敗を繰り返してしまったりします。失敗をきちんと自分なりに総括したうえで、次に進んでいくという作業ができない。若い人達は総じて皆、立ち居ふるまいは素直でスマートですが、失敗の対処には意外と不器用なのです。

だから失敗を経験値にして乗り越えてもらうために、黙り込む彼らの聞き役になってあげることが大事になってきます。

徹底した聞き役です。若手へのお小言および進言役は現場の直接の先輩である中堅どころの人達のほうが適役です。

中堅どころの先輩たちは現場でバリバリと効率よく仕事を進めていきたいから、未熟な若手には言いたいことをずばずばと言います。若手はやっぱり黙り込みます。

そういうやりとりを横目で見ながら、お小言を言っていた先輩がいなくなった時に、私は「どういう状況だったの？」と声をかけてみます。

そうすると言葉が返ってくることもある。

若手と中堅どころ2人の上司である私。現場にいるからこそ指導できることと、いないからこそ客観的に中立的に聞いてあげられること。若手の育成にはこのトライアングルが大事なのだと思っています。

若い彼らが黙り込んでも、私は待ちます。そういう場では私もまた黙ることが私の言葉だと思っています。


トライアングルの一辺である彼らを叱った先輩の味方になったり、失敗をしたかもしれない黙り込む若手の味方になったりもしません。状況を自分の耳で、目で、判断せずに若手と先輩のどちらか一方の味方になったりしたら、トライアングルの人間関係がこじれてしまうだけです。

そして私の経験上、一度こじれたら次に何かがあったとき、下の者は未熟であるほど上を簡単には受け入れてくれません。これは私の会社人生から導き出された事実です。

だからそうならないように、トライアングルの関係には常に緊張感を持っています。

チャンスに気づかない人は化けられない

スポーツ担当で巨人軍を追いかけていた時も、報道でニュース番組を担当していた時も、私はどういうわけか「引きが強い」と言われてきました。

例えば、私が中継を担当する日は巨人軍が勝つ。

「今日は豊田が来たから勝つぞ」とありがたいことを言ってくれる選手もいました。巨人軍が勝てばインタビューの現場も明るいので張り切ってマイクを向けられますし、番組の視聴率も上がりますので、日本テレビの一員としてこれは良い「引き」だったと思います。

報道では私がスタジオにいる日に大きな事件や出来事が飛び込んでくることが多く、予定を飛ばしてニュース速報を読むという緊迫した経験をかなりこなしてきたほうだと思います。事件の場合は歓迎すべきでないことがほとんどですので、巨人軍の勝利と同列に語ることはできませんが、何かが起き、アナウンサーの役割が試されるような出来事に遭遇する運命にも、私の「引き」はあったのだと感じています。周囲からは「有事の豊田」と言われていました。

それもこれも私が何か現代科学では解明できない特別な力や、神秘的なパワーを持っているという話ではありません。若い時はフットワークが売りで、とにかく現場に足を運んでいたということが、すべての「引き」につながっていたと思うのです。好奇の目で世の中を見て歩き、目の前で起こっていること全てが私のフィールドワークの対象のような感覚でした。

常に現場にいるようなものですから、良いことにも、悪いことにも何かしら巡り合えるわけです。未知の出合いをかぎ分けるセンサーが敏感なので、小さな巡り合わせも見逃さないといったほうが、むしろ適しているかもしれません。そういう積み重ねが仕事の勘を養い、「引き」を呼び込んだのではないでしょうか。

そういう目で若手や部下達を見ると、目の前にチャンスが巡ってきたのにそれをつかめる人とつかめない人がいるのが分かります。せっかくアナウンサーになったのに、こんな「有事」に自分の力を発揮できる機会をつぶしちゃったか……という残念な人も見かけます。思うに日々、好奇心のアンテナを張り巡らせていないと、「ここは休んでいいな」「ここは行け！」というセンサーが働かないのでしょう。

組織の中で仕事をしていると、「ここはしっかりやっているところを見せておかないと、あとで大変な目にあうぞ」というポイントが必ずある。そんな時に無自覚にやる気のない態度を見せてしまうと、そのあとのチャンスをつぶしてしまうことがあるのです。ほんの小さなことかもしれませんが、そこが組織の怖いところでもあります。

私にはまるで一期一会のようなポイントがあったし、会社人生を振り返ると「実はこの1年が大事だった……」という、まさに巡り合わせとしか思えない年もありました。そんなタイミングに、なんとなくでも「今が自分にとって大事な時期なのかもしれない」と気づくことができ、「この1年はどこで誰に見られても、自慢できるような仕事を徹底的にやろう」と思えるかどうかはとても重要です。そう気づいた時に自分に負荷をかけて身につけた実力は、後々まで自分を裏切りません。

ホップ・ステップ・ジャンプの法則のホップ・ステップくらいまで、毎日コツコツと努力して力を蓄えてきた人は、がんばりどころのポイントを逃さず、チャンスに思い切りジャンプできるんです。アナウンサーの世界ではこれを「化ける」と言います。

化けるためには、常に緊張感と好奇心を持って仕事の現場に臨むこと。言葉にすれば有り体ですが、私はそう思っています。

ここががんばりどきというチャンスを逃さず、仕事に「引き」を呼び込むと自分の仕事の景色が変わってくる。後輩達にも、様々な景色を見てほしいと思っています。

STORY

第3章

女性アナウンサーのリアルストーリー

●

スポーツ篇

異例の「入社前デビュー」

新人アナウンサーが初めてカメラの前で原稿を読み、番組初出演を果たすことは「初鳴き」と呼ばれていますが、私の初鳴きは正確に言えば入社前でした。

私が入社した1990年、日本テレビの入社式が行われたのは4月2日・月曜日。その前日の1日・日曜日からスタートした新番組『スポーツジョッキー　中畑クンと徳光クン』に私はアシスタントとして出演し、初鳴きを経験したのでした。「入社前デビュー」のケースは、あとにも先にも日本テレビの女性アナウンサーでは私だけだと聞いています。

どうしてこのような異例のデビューになったのかといえば、この番組のMCの1人、徳光和夫さんの存在が大きかったのです。徳光さんは私にとって大学の、そしてアナウンサーの大先輩にあたる方ですが、私が日本テレビの入社試験を受けた段階では、まだ日本テレビの局アナウンサーでした。

自分がアナウンサーになれるとは全く思っていなかった私ですが、運良く日本テレビともう1社、内定がいただけそうなテレビ局がありました。正直、どちらを進路に選ぶべきか、迷う気持ちもありましたが、徳光さんから熱心に誘っていただいたことで強く背中を押され、日本テレビへの入社を決めたのでした。

私はその後、90年1月から約1ヵ月間、語学研修を兼ねてアメリカのニューオーリンズに卒業旅行に行き、帰国したところに徳光さんから自宅に電話がありました。徳光さんは私の日本テレビ内定が決まった直後の89年10月に日本テレビを退社され、フリーランスになっており、「君に入社を勧めておいて、自分は日本テレビを辞めちゃってゴメンね」とわざわざお詫びの言葉を口にしてくださったあと、「ちゃんと説明もしたいので、いつも一緒に仕事をしているスポーツ番組のスタッフと一緒に会いませんか」とお誘いを受けました。

私はあまり深く考えずに、その席に出かけていき、スタッフの皆さんとも「ああ、徳光さんと仲のいい方々なんだなあ」と普通にお話をしていましたが、今考えるとこれは一種のオーディションだったのでしょう。こうして私は徳光和夫さんのフリーとしての第一歩となる番組の一つ、『スポーツジョッキー　中畑クンと徳光クン』に入社式前日から出演することになったのです。

ほぼ準備なしのまま本番へ突入

経緯だけをお話しすると「新人アナウンサーが入社と同時に大抜擢」という華やかなデビューのように感じるかもしれません。確かにこの番組の枠（日曜日の午前10時〜）は、休日のお父さん達が支持してくださっていた1957年開始の老舗野球番組『ミユキ野球教室』が長年放送されており、その枠のリニューアルになるので期待されていました。また、徳光さんがフリーになったのと同じタイミングで現役を引退し、日本テレビの野球解説者に転じた中畑清さんとのコンビでメインを張る番組という意味でも注目度は高かったと思います。そんな番組に何も知らない新入社員が出演するのはどう考えても簡単なことではなく、私はわけが分からないままバタバタと準備して生放送当日を迎えました。

とにかくまだ入社前なので、準備といっても正式な研修を受けられるわけではありません。関西の系列局の読売テレビが、早い段階から事前研修を東京でやっていることが分かって、「じゃあ、そこに行け」ということになり、10日間くらい基礎の基礎だけ学んで、すぐ本番（笑）。父親がいつもテレビで巨人戦を観ていたので、ある程度のプロ野球に関する知識はありましたし、六大学野球を観にいったりもしていましたが、熱心なスポーツ・ファンかといえば、そこまではなく……。現在であれば短期間でもインターネットなどで情報をかき集めることはできるのでしょうが、そんなツールはもちろん当時はなく……。それより何より、カメラの前で放送原稿を読むトレーニングが全くできていないまま番組出演に突入してしまったというのが正直なところです。

生放送による究極のOJT

番組では徳光さんと中畑さんがゲストの方を交えてトークを進めつつ、「1週間のスポーツを振り返ります」「では、豊田さん」ときっかけを出していただいて、私が用意された原稿を読む流れ。とにかく毎週、渡された原稿を間違えずに読むことしか考えられませんでした。

当時は無我夢中でそんなことは気づきませんでしたが、今振り返ると先輩方を差し置いてレギュラーに抜擢されたことで、アナウンス部でもなんとなく浮いた存在になってしまい、入社後も落ち着かない日々が続いていたと思います。土日に出勤しているので、平日の2日間は休暇を取らねばならず、通常の人事部による研修も半分ほどしか参加できずにいて、同期入社の2人の男性アナウンサーに遅れをとっているような焦りも出てきました。

しかし、『スポーツジョッキー　中畑クンと徳光クン』への出演が、私のアナウンサー人生の中で不穏なスタートだったかといえばそんなことはなく、とても貴重な経験をさせていただいたと思っています。

まず番組が生放送だったこともあり、強制的に集中力を養うことができました。番組全体に気を配ることなどは全くできていなかった分、目の前の原稿には全力で向き合っていましたので、オンエアに集中するスイッチの入れ方が少しだけ理解できたかもしれません。さらに休みの日でもスタッフに同行して、様々なスポーツの選手取材に足を運んだりもしましたので、スポーツ報道の現場の匂いをかぐこともできました。これはある意味、どんな研修にも優る究極のオン・ザ・ジョブ・トレーニング――OJTになったと思うのです。それによって学生時代には1人の視聴者だった私が、スタジオから番組を送り出す側の意識を初めて持つことができました。徳光さんという大先輩に見守っていただきながら、めまぐるしくも濃密な時間を過ごせたのは本当にありがたかったと今では身にしみています。

4月にスタートした『スポーツジョッキー　中畑クンと徳光クン』は、同年9月にリニューアルされることになりました。このタイミングで番組プロデューサーから「かなりイレギュラーな入り方でアナウンサーになっちゃったけど、9月以降も続ける？　それとも正規のルートに戻る？」と尋ねられました。正確にどう答えたかはっきりとは憶えていませんが、私は「番組としての判断はスタッフの方々にお任せします。ただ、自分の将来のためにも、もう一度基礎からアナウンス技術を勉強したい気持ちはあります……」といったニュアンスの話をし、怒濤の6ヵ月は終わりを告げたのです。

駅伝中継で叩き込まれるチームワーク

思いがけず『スポーツジョッキー　中畑クンと徳光クン』でアナウンサーとしてのキャリアをスタートし、貴重な経験もできたのだから、チャンスがあればスポーツ番組にまた関わってみたい——という気持ちはありました。日本テレビの新人アナウンサーにとって、スポーツ報道を学ぶ「王道のルート」は、入社した年の年末から年明けにかけて、箱根駅伝と高校サッカーの中継に参加することです。

今でこそアナウンサーの人材も豊富になりましたので、新人は駅伝班とサッカー班に分かれて配置されるのですが、90年当時はまだまだ人員が不足していたこともあり、上司からの命令は「豊田は両方ともやれ」。もちろん選択肢は「はい、両方やります！」しか許されませんので、私はお正月も関係なく走り回りました。

箱根駅伝に関しては、当時は日本テレビが箱根駅伝の中継を始めてまだ3回目の大会。秋になると担当者の一覧表が張り出されました。放送で声を出せる実況アナウンサー、そのアナウンサーの準備を手伝いながら学びの場を与えられるサブアナウンサーも配置されます。その役割は、スタジオで大局的にレース展開を見ながら放送の交通整理をするメインアナウンサー、解説者も同乗する中継1号車、2号車、3号車、各中継所（1人で2ヵ所掛け持ちもあり）、そして芦ノ湖でのフィニッシュ&スタートと大手町フィニッシュ。当時は、放送で声をのせられるのは男性アナウンサーのみ。ピリピリした現場を和ませて、きめ細かいサポートをするのが女性アナウンサーという役割でした。新人は主に各アナウンサーをサポートするサブアナから仕事を始めますが、複数のポイントを担当することもあります。

メインとサブの担当者の名前がずらりとリストになっていて、その一覧表を見て私達は「今年はここの担当か」と自分の役割を知ることになるのです。大きなスポーツ中継全体の体制づくりにアナウンサーも組み込まれているわけですから、

「自分がこのチームの中でどう動くべきか」といった責任の重さを実感するのです。

取材と資料、「絶対使ってください」という情熱

サブアナの仕事は、実況を担当する先輩アナウンサーのために、好みの文房具の手配から取材をもとにした実況用資料の作成まで、放送が終了するまで「秘書」のように動きます。取材資料は出場大学のすべての監督・選手を網羅していますので、その中から先輩がチェックし、「このネタをしゃべろう」という項目に全部マーカーを入れていきます。それを受けて内容をコンパクトにまとめ、短冊に書き込み、放送用に切り貼りできるカードにしていきます。ここは大事だから赤ペンにしろとか、ここは黒のままでいいとか、細かい指示を受けながら、先輩の使いやすい資料をつくり上げます。手先があまり器用でない新人は「お前はやらなくていい！」と言われることもありますけれど（笑）。この経験があるからこそ、アナウンサーにとってどれだけ資料が大切か、放送用にはどんな資料が使いやすいかを学ぶことができるのです。

資料のベースとなる取材も、もちろんアナウンサー自身で足を運びます。１人１

校、出場校の選手や監督、コーチの取材を全部まとめます。箱根駅伝は1チーム10人が往路・復路を走り継ぎますが、補欠選手を含めたら14〜15人。質問項目が並んだアンケートのひな型は用意されていますが、短時間で終わる取材ではありません。選手の実力を測るための取材も大事ですし、人間性や人柄からランナーとしての物語を紡ぐための材料集めも視野に入れる必要があります。

初めて駅伝中継に参加した際、私は東洋大学へ取材に行きました。最初は先輩に「一緒に行かせてください」とお願いし、同行することから始めるんです。先輩が選手に話を聞いている横でメモをとって、あとで原稿に起こす。それを繰り返しながら取材の方法を覚えて、先輩から「残り半分の選手の取材はお前に任せた」と指示を受け、何日か大学や練習場に通うことになります。そして最後に取材をまとめた資料を、中継担当アナウンサーの人数分コピーして提出という流れになります。

例えば新人だけで取材に行った場合、上がってきた資料が「これ、実況で使えないよ。内容がちょっと薄いな」となることも。逆に「このネタ、面白いな。いい話が聞けたな」とほめてもらえることもあります。先輩達から直接的な評価を日々下されることになるので、新人は必死。「このネタ、絶対使ってください」という情熱がないと、放送というゴールには辿り着けません。その情熱は実際に中継を担当するアナウンサーに引き継がれ、実況に反映されます。そして、それがテレビを通して視聴者はもちろん、選手自身や選手のお父さん、お母さん、友達などへと届くことになるのです。

箱根駅伝の取材経験から私が強く感じたのは、「選手に負けないぐらい競技を理解しなければならない」ということです。練習風景を見学して、自分が感じたことをメモするだけでは取材とはいえません。監督やコーチ、選手のあいだに飛び込んでいき、対面で言葉を集めてくるのが基本であり、客観的なデータをもとに、取材に臨むのが大前提。練習をしっかり見学するのは、自分自身の観察力を磨くためと、「あなたの走りをじっくり見ていますよ」という信頼関係をつくるためです。

高校サッカーで学ぶ系列局との連携

高校サッカーから学んだことは、箱根駅伝とはまた少し違います。サッカーの場合、全国から出場校が集まってきますので、取材においても系列局のアナウンサーとの協力関係が大事。またサッカー中継は、基本的に男性が実況を担当しますので、声質の違いを活かして女性アナウンサーはベンチや観客席からコンパクトにリポートを入れるのが主な役割になります。系列局のアナウンサーが集めてくれた各地の情報をもとに、観客席にいる補欠選手や応援する生徒の表情を伝えることになりますので、瞬発力と表現力のトレーニングになるのです。

箱根駅伝と高校サッカーがお正月には欠かせないイベントになった理由の一つに、日本テレビが力を注いで中継を続けてきた歴史を加えても、多くの異論は出ないと思います。その歴史を感じ取ってくれている選手も増え、取材に喜んで協力してくださるようになりましたし、私達も選手達にエネルギーをもらって、一生懸命スキルアップを図ることができます。これは歴代の先輩方から受け継がれてきた財産ですね。本当に良い関係を結べていると今でも実感していますし、新人アナウンサーがスポーツ中継を学ぶ場として箱根駅伝と高校サッカーは最適だと思います。

『スポーツアイランド』で巨人軍に密着

92年からは『スポーツアイランド』という番組を担当するようになりました。月曜日から金曜日までの22時54分から、巨人戦を中心にプロ野球のナイトゲームを速報で伝える約5分間の生放送でした。

5分間ですので、番組自体は「こんばんは。今日のジャイアンツ、はたしてどんな試合だったのでしょうか。ご覧ください」と始まり、画に合わせて原稿を読み続ける流れでした。あるいは「今日は試合前のこの選手の様子に注目してみました。2000本安打を目前にして、いつもとはちょっと違ったようです」と振って、インタビューの映像を挟んでから、試合結果。そして「さあ、明日は2000本安打、出るでしょうか。注目です」と締める感じです。

オンエアは5分間でも、もちろん選手への取材は続けていました。朝、二軍の試合に行って、そのまま東京ドームへ。試合前に選手に話しかけて、興味深いやりとりを押さえられたら、番組でもそれを使います。長嶋茂雄さんが監督だった時代なら、「今日は何?」と声をかけていただけたら、内心「ラッキー」とにんまりしつつ、注目すべき選手のことを尋ねます。日本テレビの場合は、他局と違い巨人軍中心の番組づくりが徹底していましたから、ずっとジャイアンツに貼り付いている毎日でした。

衣装と初任給

当時、衣装は全部自前でした。取材で飛び回っているのだからカジュアルで動きやすいスタイルにしようと思い、ベースをベージュ系のチノパン、白いパンツ、トレーナー、ポロシャツにして、組み合わせを変えながら着回していました。同じものを着ていると思われないように、1回着たら10日くらいあいだをあけて上下の組み合わせも微妙に変える工夫をしていましたね。トップスはプレーンな無地っぽいものから野球柄やNBAのロゴ入りなどスポーツテイストの柄物まで、とにかく視聴者から同じ衣装を着ていると見抜かれないようにたくさん買い求めました。トレーナーが押し入れに40枚くらい山積みになっていた時期もあったくらいです。

ちなみに初任給が手取りで13万9000円（はっきり憶えています）、衣装手当が7000円くらい。これで家賃6万円の北向きの部屋で独り暮らしを始めました。社会人になったら自立すると誓っていたので親からの仕送りなんて絶対もらうものかと思っていましたから、まあ、本当にやりくりは大変でした。だから先輩達にはゴハンをいっぱいごちそうになりました（感謝！）。

身についたフットワークの良さ

スポーツ番組をいくつか経験させていただいて、私は少しずつアナウンサーの仕事にやりがいを見いだしていきました。当時の私が番組の役に立てる武器を持っていたとするなら、それはフットワークの良さだけだったと思います。先輩方やディレクターから「あれを調べてこい」「この現場を見てこい」と言われれば、「はい！」とすぐに腰を上げることができる自分。取材の場を与えてもらえることがありがたかったですし、なんとか自分もこの仕事でやっていけるという感覚をつかみたかったのが正直なところです。

取材の準備も大変な面はありましたが、楽しくもありました。読書もスポーツ漬けで、毎日のスポーツ紙はもちろん、沢木耕太郎さんのノンフィクションや雑誌の『Number』など、スポーツ関連の本ばかり読んでいましたね。選手の心理をどう表現しているか、とても勉強になりましたし、読みながら「この場面を自分だったら10秒でどうコメントするか」を考え続けていました。

94年にはテレビ週刊誌の『TVぴあ』やスポーツ紙でコラムの連載も始めました。オンエアで伝えきれなかったこぼれ話、取材をした選手のキャラクターなどをショートストーリーにまとめていました。雑誌の連載を経験できたことは、アナウンサーの仕事にもプラスになったと思います。限られた文字数でいかに構成するかは、まとまりのある話し方のトレーニングになります。一方で「来年は私、どんな仕事をやっているんだろう?」と常に不安を感じていたことも確かで、迷いと期待を抱きながら走り続けているような日々でした。

男性アナウンサーの実況技術の高い壁

心のうちを正直に話せば、スポーツの世界における「男性社会の壁」も強く感じました。

アナウンサーがスポーツに携わる仕事の中で、もっとも高い技術が必要であり、視聴者の皆さんにも認知されているのは試合の実況中継でしょう。当時の日本テレビはプロ野球の巨人戦中継が看板番組となっていて、毎日のように、ゴールデンタイムで20%、30%の視聴率（世帯・関東地区）を取っていました。そこで日替わりで見事な実況をする男性アナウンサーの先輩達。昭和の叩き上げの男性アナウンサー達は、アナウンス技術でも、プロ野球についての知識でも、言葉巧みな盛り上げ方でも、さらにはその存在感においても、私にはとてもかないません。当時の「プロ野球中継に女性の声はいらない」という不文律に対し、私には何も言えませんでした。

ましてや巨人軍のベンチに女性アナウンサーが顔を出すと、それだけで少し驚かれた時代です。プロ野球の取材を担当した先駆けは『ミユキ野球教室』に出演していた石川牧子さんですが、私には記憶がありません。当時の私にできることは、何か一つでも多くの技術を盗む、自分のものにするということ。取材で得たネタを男性アナウンサーに話す時に、「その視点は面白いね」と言ってもらえるために試行錯誤を繰り返すことぐらいでした。

とはいえ女性アナウンサーにチャンスがないわけではありません。例えば新体操。横浜国際女子駅伝。ちびっこバレー。私も様々なスポーツ中継でリポートを担当しながら、いくつかのアマチュアスポーツの実況を担当させていただいたことがあります。私なりに全力は尽くしましたが、やはり難しさも感じました。ちびっこバレーの中継の時、1セットめは通常のスポーツ実況と同様に選手の名前は敬称略、呼び捨てで伝えていましたが、途中でディレクターから「全部、○○選手にしろ、選手を付けろ」と指示が飛びました。当時はたとえ実況中継でも、女性のアナウンサンサーが選手の名前を呼び捨てにするのは違和感があったのでしょう。第2セットから実況は「〇〇選手がスパイク、〇〇選手と〇〇選手がブロック!」と叫ぶことになり、試合のスピード感についていくのに大苦戦した記憶があります(笑)。

総合スポーツ情報番組『~うるぐす』に出演

『スポーツアイランド』での巨人軍の取材経験、そして各競技の中継に携わって場数を踏んだことが、94年に始まった『スポーツうるぐす』への出演につながります。それまで日本テレビのスポーツ番組は、あくまでプロ野球は巨人戦の試合結果を報じるのが中心。番組の位置づけも『NNNきょうの出来事』などニュース番組とセットになった編成でしたが、『スポーツうるぐす』は日本テレビ初の独立した「総合スポーツ情報番組」、あるいは土日の深夜に放送(夜11時45分から)される「週末スポーツ・バラエティ」と呼べるものでした。江川卓さんをMCに迎え、番組タイトルの『~うるぐす』も江川さんのお名前「すぐる」のアルファベットの逆さ読みが由来になっています。

番組スタート時の出演者は江川さんを中心に、脇を固める日本テレビのアナウンサーが同期の鈴木健アナと私、さらにサッカー、相撲、競馬の各コーナーを担当する解説者やゲストの方々も加わっていました。鈴木アナは『NNNきょうの出来事』のスポーツ担当からの続投で、サッカーに精通しています。私は『スポーツアイランド』時代からの取材をもとに、主にプロ野球について江川さんと丁々発止のやり取りをする役割でした。

「夢競馬」で女性初の競馬記者クラブ員に

私はこの番組での江川さんとのやり取りで、初めてフリートークの面白さを学びました。現在のスポーツ情報番組は台本が練り込まれていて、文言が事前に決まっている比率が高いと思いますが、『スポーツうるぐす』はほぼアドリブ。最初はなかなか慣れませんでした。巨人戦はいつも江川さんと観戦するようにして、「今のシーン、いいですねえ」「この話、番組で使いません?」と助走のトーク。そのままの雰囲気で本番へと突入して、会話を盛り上げながら、江川さんのプロフェッショナルな解説に入るきっかけになるように考えていました。うまく番組が流れるようになり、視聴率が上昇してくると、私もフリートークが面白くてしかたがなくなってきました。

また、目指すは「総合スポーツ情報番組」ですので、私もこの番組で様々なスポーツの取材を経験させていただきました。一番思い出深いのは、「卓と源一郎の夢競馬」のコーナーでしょうか。このコーナーは競馬がお好きな江川さんと作家の高橋源一郎さんが、中央競馬のＧＩシリーズや関連レースを予想し、１００万円獲得を目標に馬券も自腹で購入するというもの。獲得賞金で一口馬主の権利まで手に入れたこともありました。スポーツ情報番組の中のレギュラーコーナーで競馬が取り上げられた例はほとんどなかったと思いますが、人気コーナーへとなっていき、競馬界からも大いに歓迎されました。私は競馬場やトレーニングセンター、牧場へと何度も取材に行ったのですが、なんと女性で初めて競馬記者クラブの一員に認めていただきました。

「紙の資料の山」とともに世界的イベントへ

私が『スポーツアイランド』や『スポーツうるぐす』に出演していた時期は、日本テレビが世界的なスポーツイベントの中継を数多く放送していた頃でした。94年にＮＦＬスーパーボウル、95年にイエテボリ世界陸上、96年にアトランタ五輪、98年には長野冬季五輪。

スーパーボウルではアメリカのジョージア州アトランタに行き、スタジアム周辺でのフェスティバルや街の盛り上がりの様子をリポートし、中継放送に入れば男性アナウンサーをアシストするサブアナに。イエテボリ（スウェーデン）で行われた世界陸上では、現地情報や大活躍をした選手のインタビューなど、『スポーツうるぐす』だけではなく他の情報番組のスポーツコーナーでも生中継で伝えました。

世界的なイベントの中でも、やはりオリンピックは特別です。

競技の中継は「ＪＣ（ジャパン・コンソーシアム）」と呼ばれる、ＮＨＫと民放の実況アナウンサーの混成チームで行われます。まさにチーム・ジャパンです。一方で、各局が独自に番組を制作するのは「ユニ・チーム」です。日本テレビの解説者は江川卓さん、バレーボールの川合俊一さん、体操の森末慎二さん。私は現地スタジオでの進行役として解説者の皆さんからコメントを引き出したり、選手のインタビューをとったり、東京のスタジオとのやり取りをサポートしたりと忙しく動き回っていました。はっきりいってヘロヘロでした（笑）。

東京とアトランタは時差が14時間あるので、まずなかなか睡眠がとれない。しかも、コンピュータはまだダイヤルアップでネットワークにつないでいた時代でしたので、インターネットでのデータ集めはほとんど不可能。スーツケース1個がすべて新聞や雑誌の切り抜き資料でいっぱいという状態で現地入りしたので、整理しきれていない資料と格闘することに。ルールも選手の顔ぶれもよく把握できていない競技もありましたので、選手のインタビューの時（インタビューがとれるかどうかは急に決まるんです）は、資料をひっくり返して上を下への大騒ぎ&綱渡りでした。

転換期のオリンピックで実感したこと

私が担当したアトランタ大会は、近代オリンピック開催100周年の記念大会で、IOC（国際オリンピック委員会）に加盟する197の国・地域が参加。かつてない規模の五輪になりましたが、日本のメダル獲得数は低調（金3、銀6、銅5の合計14個）で、国内の盛り上がりがいま一つだったであろうことは、現地でもなんとなく想像できました。そんな中、最後の最後に、女子マラソンの有森裕子選手がバルセロナの銀に続く銅メダルを獲得。「自分で自分をほめたい」という言葉を間近で聞きながら、私もなんとなく報われたような気持ちになったことを憶えています。

振り返ってみれば、この頃から大会の大規模化にともないオリンピックの商業主義の行き過ぎが批判されるようになったり、それを報じるメディア側もタレントを多く起用するようになったり、テレビの五輪放送史の中でも転換期の大会だったと思います。私は硬派路線の取材を目指して、競技を正面から報道することを心がけていたつもりですが、はたしてどこまで貫くことができたか――本当に色々と勉強になったオリンピック取材でした。

「明るく、元気よく」の限界、30代の迷い

私自身のアナウンサーとしての歩みも、アトランタ五輪の取材を終えて転換期に差しかかっていたと思います。

入社後、夢中で走り続けてきて、気がつくと30歳を過ぎていました。当時雑誌などでは「女性アナウンサー30歳定年説」などという言葉が登場し始め、意識していたわけではありませんが、現実的に後輩の女性アナウンサーもどんどん増えてきます。スポーツ番組の現場では「テンポよく、明るく、元気よく」を心がけてきましたが、私の中に、それだけでこのままアナウンサーの仕事を続けられるのか？ と

いう思いが浮かび上がってきました。

　スポーツ担当のアナウンサーを極めるということは、突きつめると実況を本気で目指していくのか、ということにもなります。私も新体操や女子駅伝などで何度か挑戦はしていましたが、日々の仕事はスタジオでのアシスタント的なことが中心で、素晴らしい実況の技術を持った先輩方や、各競技の専門知識が豊富な解説者の方々をサポートすることが私の役割。『スポーツうるぐす』では明るく、活発なイメージを含めて、それなりの力は発揮できていたと思いますが、いつまで続けられるかといえば、明日どうなるか分からないというのが正直な気持ちでした。

『スポーツうるぐす』は視聴率も好調で、毎週10％（世帯・関東地区）を超えていた時期もありました。一方で、好調な時ほど新陳代謝が求められ、常に新しい企画が立ち上がります。さらに番組もつくり手が変われば、番組をさらに魅力的なものにするために、テコ入れとしてキャスティングを変えようとするものです。「豊田にいつまでも『うるぐす』をやらせているわけにはいかないだろう」という空気が出てきているのは、当然私自身も感じることになりました。

　次のステップに進むためには、今まで身につけたものを手放してでも、新しい何かをつかまなくてはいけない。スポーツにしがみつくのではなく、広く社会全般の常識や知識も勉強したい。もう少し大人の仕事もしてみたい。徐々に私の気持ちは固まってきました。

女性アナウンサーにとっての結婚

「転換期」という意味では、97年に結婚したことも影響しているかもしれません。

私が結婚を決めた当時、日本テレビのアナウンス部に在籍している女性アナウンサーの中に既婚者は誰もいませんでした。「若くて未婚であることが女子アナの売りであり、魅力なのだ」という男性側の価値観がまだ残っていたような気がします。「30歳以上」で「既婚」の女性アナウンサーというロールモデルが非常に少なかった時代に、私は期せずしてその両方のカードを切ったのです。

今は年齢を問わず、結婚発表をした女性アナウンサーが伸び伸びと普通に活躍し、結婚だけではなく、子供を産んでママになっても普通に仕事を続けられますし、管理職になるチャンスもあります。しかし、当時はまだ不安要素も多く、私自身勢いで踏み出した一歩でもありました。

そんな私にとって好運だったのが、報告すべき上司が女性部長だったことだと思います。私は悩みながらも、「結婚するつもりで一緒に暮らす男性がいますので、結婚と思ってください」と報告。「状況によっては夫婦別姓でいく可能性も……」と申し出たら、「イマドキらしい判断ね」とニッコリ笑って受け止めてもらえました。

結婚相手も同じテレビ業界にいるので、私の仕事に対する理解があり、日常的には家事の分担もすんなり。ペースを落とさずに仕事を続けていける結婚でした。さらに彼が私の姓を名乗ってくれることになり、「豊田順子」の名前も含めて表面上は何の変化もなく仕事を続けられました。その分、私自身は「明るく、活発に」は卒業して、キャリアに見合った仕事をしなくてはいけないと、気持ちが引き締まったことも確かです。

あの時だったら、フリーになれましたよね？

後に後輩から「豊田さんは『うるぐす』に出ていた頃、フリーになろうとは思わなかったんですか？　あの時だったら、なれましたよね」と聞かれたことがありますが、会社を辞めることは全く考えませんでした。たとえ退社後もスポーツ番組に関わることができても、立場としてはタレントになるわけで、タレントとしてやっていけるような才能は私にはありませんでしたし、「もっと有名になりたい、他局を含めて色々な番組に出たい」という野心にも欠けていました。

非常に狭き門ではありますが、フリーランスになってもタレント的な芸能活動は最小限にして、スポーツや報道番組で「キャスター」のポジションに就く方もいます。「キャスター」と「アナウンサー」は近いように思えるかもしれませんが、私にはキャスターという仕事にリアリティを感じることができませんでした。キャスターは世の中で起きている出来事に対して自分の意見を述べるポジションであって、私が日本テレビでやってきたことは徹底的な取材をもとに事実を視聴者へ伝えること。個人的な「主観」よりも、会社の看板を背負った情報収集で「客観」に寄って立つのがアナウンサーの仕事という考え方から、どうしても離れられないのです。

何よりも私はあくまで組織の中にいる、1人の会社員です。番組への出演だけが仕事ではなく、視聴者の目に映らない裏方の仕事も、他の企業と変わらない業務もあります。その中で、自分の仕事全体を見渡し、自分の得手不得手のバランスを見つめ直すことができるということがとても大切に感じるのです。「これしかできない」と自分を追いつめるのではなく、同僚や先輩のアドバイスを受けながら「これもできるかもしれない」と探し続けることができるわけです。独りではないのが組織の良いところ。会社が身分と給与を保障してくれる分、私自身は組織の良さを上手に活かした仕事で恩返ししたいと考える質《たち》のようです。組織は私にとって、感謝と小さな野心を育ててくれるところです。

ADVICE

第4章

自分の身を守る社内コミュニケーション術

「喜怒哀楽」のうち私が出すのは「喜」と「楽」

女性は仕事の現場でもすぐヒステリックになる——。これは昭和の時代によく耳にした、世の中の男性達の定番のセリフです。私はこの昭和の呪いをかなり意識して社会人になりましたので、入社してから最初の10年は、きちんと感情のコントロールができるようになろうと意識する「修業の時間」でした。

人間だから喜怒哀楽の感情は誰でも持っているし、仕事をしていれば許しがたい怒りにも理不尽さにもぶつかります。それをどう伝えるか？　どう飲み込むか？

私が辿り着いた結論は怒りのエネルギーは不毛、負の感情は相手に伝わらないということでした。「女性はヒステリックになる」という昭和の呪いは、私の中で進化して、「ヒステリックになっては伝えたいことも伝わらない」という現実を教えてくれました。

だから私は、仕事の場では老若男女、役職の高低に関係なく、誰に対しても喜怒哀楽の「喜」と「楽」の感情を出そうと努めます。

会議の中でも、発言者が笑いを取りにきたら遠慮なく笑いますし、企画の中に自分が知らない発見があったら、「へー、面白いですね！」と感想を伝えるということを、意識してやっています。

笑顔は大切です。自然に人の気持ちを和ませ、いい空気をつくってくれます。私にはアナウンサーの職業的習性もあるのかもしれませんが、その場に合った「喜」や「楽」の笑い方のトーンを意識して出すように努めています。これは企画のプレゼンテーションの時もなかなか有効です。企画を通すぞという熱量も大事ですが、空気を自分のペースにする笑顔も忘れずに盛り込んでいます。

こういう感情のコントロールは、自分を客観視する癖をつけるとうまくできるようになります。会議室の天井にもう1人の冷静な自分がいて、自分のしゃべり方や表情を常に俯瞰で見てチェックしている。そんなイメージを描いてみてください。

実はこれ、アナウンサーの訓練の一つなのです。

私たちは自分のオンエアは必ず「これは自分ではない」と思って客観的に見ること、むしろ批判的に見ること、そう教えられてきました。現在、私は『NNN ストレイトニュース』という番組でニュースを担当していますが、毎回、「このアナウンサーは私ではない」「朝、起きてテレビをつけて初めてこのニュースを見た」という第三者の目線で自分のオンエアをチェックしています。

アナウンサーなら誰でも視聴者の皆さんにこう見られたいと思い描く自分の姿があり、そこに近づけていくためにオンエアの姿を客観視してチェックし、修正する。こういう作業を毎回番組でやっているものです。

アナウンサーとして「(自分を) 出す」「客観視する」という訓練を繰り返し、積み重ねてきたことが、私の感情コントロールのベースになっているのかなとも思っています。

「小さいごめん」をきちんと言えば、「大きいごめんなさい」はせずに済む

会社の中にいると、毎日どこかで誰かの失敗に遭遇します。横目で見たり、当事者だったり、あるいはまた第一発見者だったり。そのたびに私は、失敗した時にはきちんと「ごめんなさい」「すみません」を言える自分でいようと思います。

私の謝罪のルールは、「大きいごめんなさい」にしないために「小さいごめんなさい」を小まめに、たくさん言うことです。

気がつけば私は勤続30年。女性で、しかも同じフロアに働く部員達の母親よりも年上の先輩や上司になるわけで、そういう私が自分の失敗を謝罪せず、スルーしたり、ため込んだりしていれば、「豊田さん、どれだけプライドが高いんだ？」と敬遠されてしまいます。無駄に自分の頂が高くなって、うっかりすると誰からもミスを指摘されない存在になっていたりして……。

そんな状況に陥らないためにも、とにかく若い人達のキャリア感覚まで近づいていく

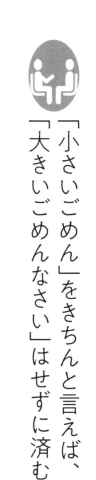

ことを心がけています。ちょっと抜けて見える部分も隠さず出したほうが垣根をつくらないことにつながるかもしれませんし、「あ、ごめんごめんごめん！」というお詫びをちょくちょくやっておくと、「あれ、私、何かまた間違えている？」と確認もしやすくなります。小さいごめんをスルーせずにきちんと伝えていると、後輩も部下も屈託なく（遠慮もなく！）「豊田さん、そこ、間違っていま〜す」と指摘してくれるようになるので、ミスの予防策にもなります。

報道の現場で自分が伝えた内容に間違いがあった場合は、言葉の送り手であるアナウンサーとして、カメラの前で視聴者の皆様や関係者に謝罪をしなければいけません。他人の人生や社会のありようなどに影響を与えてしまう可能性がある事例については、放送局の一員として真摯に受け止める必要があるのは当然のことです。そんな謝罪の重さに比べたら、社内のコミュニケーションの中の「ごめんなさい」は、「小さいごめん」にすぎないと言っていいでしょう。

世の中も、人の考え方も、常に変化しています。自分が気づかない変化もたくさんあるでしょう。その変化を確認せず、長年の経験則に頼ってしまい、ミスを犯してしまう例は誰でもあることだと思います。

失敗したら謝るということは人として当たり前のことですが、長く組織の人間関係の中に身を置いていると、それができなくなっていく場合もあります。年をとると無自覚に頑固になってしまうことも多く、これも無駄に頂を高くしてしまう原因の一つでしょう。

私は普段から周囲とのコミュニケーションは「喜」と「楽」がベース。会話は楽しいことや喜びを出すほうが弾みますので、その合わせ技で小さいごめんも素直に言える自分であり続けたいと考えています。

「3の法則」～伝えたいことは3つに絞る

「アナウンサーは話が上手」という概念は、私達アナウンサーにとっては頭が痛いところです。私を含め、自分は話がうまいと思ってアナウンサーになっている人など、ほとんどいないと思います。カメラの前でまとまりのない自分の話し方に迷い、自己嫌悪を覚え、反省する毎日……。内容が悪いのか、自分自身に問題があるのかを、いつでもどこでも考え続け、試行錯誤のトレーニングを続けること数年にして、ようやく良い反応を得ることができたら「少しはプロのアナウンサーに近づけたかな」と思えるのが正直な心境です。

カメラの前では、迷いは禁物。もちろん人前で話す時も同じです。人間、正直者ほど迷ったら必ず顔に出る。声が震える人もいるでしょう。迷いは相手に不安や不快感、不信感を与えてしまいます。自分の隙を見せることにもなり、説得力もなくなってしまいます。

皆さんも会議のプレゼンテーションや日常の業務報告、相談事など、日々様々な相手に対して伝えなければならないことをたくさん抱えていらっしゃると思います。うまく伝えられていますか？　迷いながら話し始めて、自分がどこへ向かって話をしているのか分からなくなることなど、ありませんか？

さて、その原因は？　皆さんはまず「自分の緊張」を挙げると思います。その緊張はどこから来るのか？　それは「話す内容の準備に不安があるから」ではないでしょうか？　そんな時、私自身は「3つにまとめる」ことを心がけています。話が複雑な内容だとしても、その時の状況や相手との関係性を考えて、何が一番重要かを見極め、優先順位をつけ、思い切って3つに絞り込みます。

名づけて「3の法則」。

3つまでなら確実に記憶できるし、仮に最初の2つまで覚えていて次が出てこなくても、3つだったらあと1つ。指折りなぞれば何とか思い出せます。でも用意したものが5つもあったら、どうでしょうか？　「あれじゃなくて、これだっけ？　違う？」と迷い出したりして、ようやく3つめを思い出してもまだその先に4つめ、5つめ……。話し手にとっては絶望的な自問自答です。

一方、相手にとっても聞いて頭に入れる量としては、3つくらいがちょうどいいのです。4つ5つになると、よほど内容が面白くないと集中力が続かずスルーされてしまう可能性が高いと思います。部下に注意する時も大事なことを3つまでにまとめて、いらない言葉は捨てる。注意しながら過去の失敗も思い出して、あれもこれも追加で叱ったりするのはいけません。説得する際もそうです。「こういう理由があるんだよ」ということを3つまで。

プレゼンテーションでも、私は「この3つさえ伝えられれば合格点としよう」「この3つだけは訴えよう」と企画のアピールポイントを絞り込みます。さらに、書面をそのまま読み上げることよりも、キーワードや大切な内容のところで、声に力を込めることを意識します。そしてその場の人達に、自分の言葉で語りかけるようにポイントを説明していきます。伝えたいことを3つに絞れば、きちんと記憶しやすくメモを目で追うこともなく、安心して自分の言葉が紡げるのです。

ところで日本語には実は3つを表す言葉がいっぱいあります。大中小や序破急、守破離、心技体、松竹梅、などなど。言葉を話す仕事をしている私としては、「3の法則」がしゃべりのリズムにもつながることを体感していて、この法則を常に意識しています。

正論は相手に言わせ、理論武装で身を守る

相手が明らかに間違った行動をとっていて、私が大きなリスクを感じ取った時、私は正論で説き伏せるようなことはしないようにしています。

これはもう、30年の会社人生の失敗から学んだ大命題です。

相手の重大なミスに対して、ここぞとばかりに正論をバンバン言って詰め寄ったら、リスク回避以前に人間関係を悪くしてしまった経験があるからです。

正論は相手の逃げ場を奪います。しかもアナウンサーの明確な言い方で正論をグイグイたたみかけたら、それは圧力となり、相手が正論に背を向けてしまうことにもなるからです。そんな時に私が考えるのは、相手に問題の本質や事実確認をしてもらうプロセスの中で、それを相手に言わせて、私がうなずくというパターンにもっていくこと。積極的な受け身の姿勢です。

どんなに正論を話しても、本人が納得して自ら受け入れることができなければ、結局

何も変わらないからです。行動に変化は起こりません。

部下だったら、「これをやったら次はどうなった？」「相手はどんな反応だった？」というような起こったことの確認をさせながら、気づきを促し、あとは待つ。

もちろん現在進行形でリスクが広がっている時は、内心ハラハラです。今は読解力や表現力が足りない若手も多いので、なかなか答えが出てこないこともあり、つい私から正論に誘導したくなります。私も若い頃は分からないことだらけだったので、答え探しに時間がかかるのは、今では理解できます。

たとえば新人女性アナウンサーとのあいだで、ほぼ毎年繰り返されるやり取りは、こんなことです。

新人が番組デビューという日に、私は後見につきます。後見とは「あなたはもうプロです。でも初回の放送を失敗させないために、私が透明人間になってあなたの後ろで見守ってあげます」という役目。たとえば原稿の下読みが間違っていたら指摘するし、言葉の意味がわからなければアドバイスをして致命的なミスを予防します。そのために、デビュー前日には「私に朝の何時にスタジオにいてほしい？」と聞き、私はその時間にスタンバイします。

でも当日の朝、驚くことに新人が遅刻してくることがあるのです。

私「どうしたの？　寝坊した？」
新人「いえ……。メイクルームにいました。メイクさんがいろんな髪型のパターンを提案してくれて、話し込んでしまったらつい……」
私「それで遅刻しちゃった？」
新人「はい」
初めてのオンエアで、上司の私が後見につく。このシチュエーションで遅刻ができてしまう新人に、「断ることも仕事だよ」という正論の言葉はぐっと飲み込んで、私は事実確認の質問をします。
私「あなたの本番の準備、時間は大丈夫？」
新人「いえ、ちょっと焦っています」
私「メイクさんは強引だったの？」
新人「そんなことないです。こういうこともできるよってアドバイスもくれて」
私「そのアドバイスとあなたの準備の時間、重要なのはどっちなの？」
新人「準備の時間です」
私「じゃあどうすればよかった？」
新人「メイクさんの提案を全部聞く前に、タイムリミットを伝えるべきでした」

私「そうだね。断ることも仕事だよ」

ここでやっと正論が素直に新人の腑《ふ》に落ちるのです。

このたぐいのやり取りを、ほぼ毎年のように私は新人と繰り返しています。上から正論を言っても相手に必ず理解されるとは限らない。これを肝に銘じています。

また、自分にとっての正論が、誰にでも正論であるとは限りません。立場やキャリア、性差などによって、仕事の現場には様々な正論があります。依頼を受けて現場に出向くアナウンサーの仕事は、仕事相手や一緒に仕事をするスタッフの正論に翻弄されることなどしばしば……。その状況を乗り切るためには、「理論武装」で相手を説得することができるかどうかも大切なカギとなります。

男性中心の組織の中で、なかなか決定権が与えらない女性にとって、「自分の行動が理論武装できているかどうか」は、自分の主張や感覚を裏づける根拠になり、また対話や交渉のベースとして活用できるので、いざという時の武器となります。

例えば私が報道番組を始めたばかりで、事件現場のリポートを担当した時のこと。現場での中継は、私にとってファーストインプレッションが非常に重要で、その場所がどういう雰囲気を持っているか、その場に立った時、私は何が気になるかといった「感性」を言葉で表現したいと思っているのですが、報道カメラマンはなかなかそれに合わせて撮影しようとしてくれません。今ではカメラも軽くなり、動きながら撮影する映像は珍しくありませんが、20年前のプロの報道カメラマンは三脚を立てて、「リポーターはそこに立て」と指示をしてきます。それが当時の彼らの正論でした。ところが、それまでスポーツの現場でカメラマンと一緒に動き回りながら実況リポートをしてきた私には信じられない状況です。

「すみません！　カメラをかついで私の後ろから撮ってください」

目上のカメラマンにお願いすると、

「何のために？　それに意味はあるの？」と抵抗される。それを説得する手段が「理論武装」なんです。

「初めてここに来た私の感覚を視聴者と共有するためのリポートをしたいので、躍動感ある撮影をお願いします！」

スポーツ現場で培った経験値に基づくお願いは、報道カメラマンになんとか重い腰を上げさせることにつながりました。自分の持っている知識や経験、説得力のある事実などをフル稼働して、自分なりの仕事をしようとした思いが通じたのかもしれません。

正論と理論武装、似て非なるこの２つを使い分けながら、私は毎日の仕事を充実させています。

メールにわずかな体温をのせる

日本テレビのアナウンス部のＨＰサイトに、所属アナウンサーのプロフィールが公開されています。フォーマットの質問の一つに、「アナウンサーとしてのやりがいを感じる時」という質問があり、私は次のように答えました。

一つひとつの経験が「思いがけない人とのご縁」や「他の仕事の成功」につながったと感じた時。

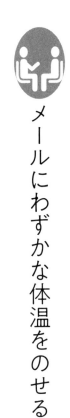

ニュースを伝える現場は、事態の急変とともに人の命にかかわることが多いこともあって、皆さんが考える以上にストレスだらけです。

日曜日の早朝5時半過ぎの報道フロアで、こんなことがありました。中東でのイスラム過激派組織「イスラム国」に関するニュースが、世界中を駆け巡っていた時のことです。私は午前6時15分からの『ニュースサンデー』を担当するために、午前4時半に報道フロアでスタンバイしていました。

すると、その日の未明に、インターネットを通じて日本人が関係する事件の状況が明らかになり、報道フロアは一気に熱を帯びて「速報特番か？」と緊張感が走りました。

放送予定の番組を差し替えて午前6時から生放送対応をやると私に伝えられたのが、なんと5時50分。本番まであと10分しかありません。「ニュースの本記から、中継3ヵ所をつないで、あとは解説者の話を聞いて、15分でまとめてくれ」との指示。そして呼び出された解説者が5分前にようやくスタジオに到着し、姿を確認すると……イスラム研究の第一人者、宮田律先生だったのです。

「え⁉　宮田先生、お久しぶりです！」

私は思わず大きな声を出してしまいました。

実はこの宮田先生、10年以上も前に私が『NNNきょうの出来事』を担当していた時に、イスラム関連の特集で解説をお願いしていた方でした。その後、国際部の勉強会などにも参加したりして面識が深まると、私にイスラム関連のご著書を度々送ってくださるようになりました。日本とは文化が全く違うイスラムの話は大変興味深く、私はご恩返しのつもりで読み終えた感想をメールで送るなどして細々とコミュニケーションを続けていました。

本番直前、これまでの事実確認やら、質問事項やらを考えていたその時、なんと私の目の前に信頼する宮田先生が登場したのです。

窮地に現れた旧知の宮田先生。ご挨拶は一瞬で済ませ、私が猛烈な勢いで番組進行の説明をすると、宮田先生は落ち着いた声でおっしゃいました。

「うん、その質問ならいかようにも答えられるから、大丈夫。大事な要素だから」と。

その言葉に、私はどれだけ安心できたか。本当に縁というものはどんなふうにつながるかわからないものだな……と、しみじみと実感しました。

ほんの少しのやりとりからご厚意を受け、感謝の気持ちをお返ししたつながりが、こんなふうに自分を助けてくれる大切なご縁となり、仕事の結果につながっていくことに、「長く続けてきた意味」を実感することができました。

今や社内メールが毎日、山のように届きます。私がメインの宛先ではないCCメールも大変な量です。CCメールや一斉配信のメールをスルーしている人は意外と多いのではないでしょうか。私はそういう業務メールの文章の中に、発信者の体温が感じられるちょっとしたユーモアのある言葉や一文を見つけると、ついうれしくなって、その部分に反応するコメントを入れて返信しています。

体温を感じさせる言葉に引っかかりをつくっておくと、無理なく記憶として残り、その後のコミュニケーションが楽になることがあるのです。

私はそもそも人間関係というものは、多少なりとも余白というかアイドリングする部分があったほうが健全だと考えています。自分の発言や提案が相手にスルーされたとしても緊急性がなければ、ま、今はそういうことかなと思って、様子を見ることにしています。社内メールにわずかな体温をのせたり、受けた厚意に返礼したりというつながりは、私にとって余白やアイドリングのようなもの。思いついた時の行ったり来たりのメールでほんわかした気持ちのやり取りをしておけば、仕事になっても改まった挨拶は必要ありません。

メールを書く時、私は意識してアレンジすることを心がけます。コピー&ペーストでの返信もしません。アナウンサーとしてボキャブラリーを増やしていきたいという欲もありますので、辞書も使います。

伝える内容が前回と同じようなことだったとしても語尾を変えてみたり、あるいは内容の構成を変えてみたりします。ちょっとしたサプライズを盛り込む際、最初に驚かせてからその説明を入れるのか、説明をしてから最後に「こういうことなんです！」と驚かせるのか。順番の入れ替え、構成による印象の違いを考えることは、私達アナウンサーの基本トレーニングです。

さらに情報を共有するためにメールを転送することも日常茶飯事ですが、「転送します」で済ませず、「私は○○として受け止めたけど、どうでしょう?」とか「これは会議の参考になると思うので送ります」というような前置きを入れて、転送の経緯や自分の意図を伝えるようにもしています。

また、親しい相手へのメールなら、私と会話しているような気分になるリズム感があるかしらなどと、書いては読み、読んでは書いてを繰り返すこともあり、メール自主トレは色々やることがあるものです(笑)。

部下との会話でも注意。人をいら立たせる話し方

私の世代の女性達は、男性達が「女はヒステリック」というたぐいの言葉を口にするのを苦々しく聞いてきました。女性が当たり前のように働き、社会の受け止めが変化した令和の今、そういった偏った言葉は、もはや認められません。

とはいえ、部下の気持ちをいら立たせる上司はどの時代、どの会社にもいます。無意識のうちに自分がそういう上司になっていませんか？

次に挙げる項目は私が考える「人をいら立たせる話し方チェックポイント」です。これにはアナウンサーという仕事で私が身につけてきたスキルが大いに反映されています。「上司と部下」という関係以外にも、コミュニケーション全般の参考にしていただければと思います。

①一方的に話す

部下に伝えたいことをきちんと伝えるためには、まずこちら側が話を聞く姿勢を示すことが大前提です。会話には、当然相手の話を聞くことも含まれます。当たり前のように感じるかもしれませんが、上下関係がある中での会話は、どうしても上から下への一方通行になりがちです。上司の側が相手の言葉を待つ態度を示し、表情にもウエルカムな姿勢が醸し出されるように意識する必要があります。

②声が小さい・こもる

小さい声でぼそぼそと聞き取りにくい話し方。そこには気持ちの問題が表れています。声が小さい人は、得てして相手に自分の声が届かなくてもいいという心理がベースになってしまっていて、ある種の習慣のようになっている場合があるのです。本人にそういう自覚はないのかもしれませんが、上司がそんな話し方をしてしまうと、部下はいらぬ疑いを抱いてしまいます。対話の距離感と適正な声の出し方は、言葉の内容と同じくらい相手の印象に影響を与えるのです。

③とにかく早口

わかってほしいと思えば思うほど言葉数は多くなり、全部言いたくなって早口になってしまう。分析すると早口な人はこういうタイプが多いようです。気持ちは理解できるのですが、残念なことに、早口の人の話はどんなに熱い語りでも聞く人の耳に残りません。話についていくだけで精一杯。相手を疲れさせてしまいます。

何を隠そう、私も早口タイプ。治したいと思っていますが、どうしても全部言いたくなってしまうのです（笑）。

治すためには、常に言いたい気持ちにブレーキをかけて、話す内容を６～７割に抑えること。

これは放送の現場でも求められるスキルです。取材してきたことを10割とすると、放送で使うのは２～３割がちょうどいいところで、４割５割になると与えられた時間に収めるために早口になってしまいます。結果、言いすぎの情報過多で視聴者の耳に残らないというパターンになってしまうのです。そのため、いかに情報を精度高くチョイスするかということが、とても大事になってきます。

部下に向き合う時もこれと同じです。毎日顔を合わせている部下だと仕事ぶりが見えている分、あれもこれもと言いたくなってしまうでしょう。

そこをぐっとこらえる。適正スピードとそれに見合った情報量で伝えましょう。

④癖のあるしゃべり方

これも自分で気がついていない人が多いと思います。例を挙げましょう。

「〜はあ（↗）」「〜でえ（↗）」と助詞の音が上がる。

やたらに「えー」や「あのー」などが多い。

内容に関係なく、「つまり」「一応」「なので」「やっぱり」などが口癖になっている。

このような癖に関して、部下はすごく気になって仕方がないはずです。あなたが愛すべき上司ならばその癖も真似したくなるようになり、会社の飲み会のお約束の盛り上がりネタにもなるでしょう。しかし、そのような関係性がベースにない場合は、もう本当にその癖が出るたびに気になってしまって、部下はイライラしているはずです。

坊主憎けりゃ袈裟まで憎いのたとえではありませんが、話の内容には意識が向かず、「そのしゃべり方が不愉快なんだよな」となって、あなたはシャットアウトされてしまう。そこから先はお坊様の説教は馬の耳に念仏です。

⑤雑な物言い

部下に対する上司の姿勢が透けてみえます。ゆとり世代の若い部下たちはその姿勢から自分なりに空気を読んで、いらついたり、へこんだりしています。

たとえば相手を呼ぶとき。名前を呼び捨てにするのか、さん付けなのか。名前ではなく「お前」なのか。

語尾にも出ます。「〜すべきだ」「〜だろ」など言い切りの強い語尾だと押しつけがましくなり、部下の自由な発言を阻んでしまいます。

逆に語尾が弱いといいますか、音が消えてしまうのも聞く側にとっては困ります。「違います」という断定なのか、「違いますか?」という疑問形なのか。語尾が聞こえないと意味がまったく変わってしまいます。

また、語尾が全部続いてしまう人もいます。「〜だし、〜なんだけれど、〜というか」と、その一文がいつまで続くのだろうという話し方は、聞いているほうは話のゴールが見えなくて落ち着きません。

結論が出たかと思ったら、「しかし」や「それで」「それから」など接続詞でずっと話が続いていく人もいます。これは話したいことをゴールまできちんと組み立てていないことを表しています。

⑥単調な話し方

人間、怒ったり心配したりすれば当然感情がこもって力んだしゃべりになり、聞く側は「ここが大事なんだな」と判断しますよね。でもそういう抑揚の山がなくて、ずっと同じペースで話されたら、要点がわかりにくいと思いませんか？

テレビの現場では抑揚の連続。変化がないと飽きられてチャンネルを変えられてしまうので、必ず山をつくります。

そういう時のアナウンサーやレポーターの常套句の一つとして、「実は！」という視聴者を引きつける言葉があります。

紹介するものを最初から「これが○○です」と見せるのではなく、隠しておいて「実はジャーン！　これです！」と力を入れてオープンにする流れ。「実は〜」と言いながら謎解きでもなんでもないのですが（笑）。

部下との対話でも、結論やポイントを話の山にもってくるということを意識して話の流れを組み立ててみることをお勧めします。

⑦人と比較する

これまで主に「話し方」「伝え方」について語ってきましたが、最後に、部下と話す際に内容的に気をつけていることにも触れておきます。

それは部下同士を直接比較するような言い方――○○さんはできたのにあなたはダメだった――は絶対しない、ということです。会社の中で、自分より立場や年齢が下の人に対して注意や説得をする時には、できるだけ個人的な感情を絡めずに、中立さを保つ言葉を発するようにしています。どんなに伝え方がクリアでも、話の中身が誰かとの比較で優劣を決めるような内容だったり、個人的な感情が透けてみえたりすると、相手は気分を害してしまいます。

人間は感情の生き物だからこそ、こういう配慮は大事です。

ADVICE

第5章

チームで生き残るための組織論

「エース」以外にも役割はある

放送局のアナウンサーはサラリーマンといえど人気商売の要素がありますので、その時々で注目されている人、そうではない人が出てきてしまいます。私たちはある意味、受注産業なので番組から声がかからなければ当然、出番は減ります。また、知らない顔を出すより視聴者におなじみの人を揃えたほうが安定感が出るというのが演出側の定石でもあり、出番が多いアナウンサーにはますます色々な番組から声がかかり、その中から局の顔に育っていく人が出てきます。

私の若手時代は、ゴールデン番組に出演するアナウンサーは男性も女性もほぼ固定されていて、その人が売れっ子アナウンサーという受け止め方でした。

自局のアナウンサーが出演できる番組の数は決まっていますので、そのパイをどう分けるかという調整は、組織である以上、当然しなければなりません。平成の初めの頃まではキャスティングの偏りをコントロールする、マネージメントするという時代ではありませんでしたが、今は令和。人気も大事ですが、若手の育成、労務的なマネージメントという観点から、極力チャンスを与えようとする考え方も出てきています。

現場からの引きが多い人はアウトプットばかりになるので、自分の引き出しをつくるインプットの時間や経験を蓄積させる時間をつくってあげたい。担当する番組が少ない、エースになれないと足踏みしている人は表に出なくてもコツコツと力をためる仕事を覚えてほしい。そう考えると、キャスティングは全体の中の最大公約数というのが落としどころになります。人気がある人に出番が集中するような9対1ではなく、少しでも8対2、7対3、6対4にしてあげるような差配をする必要があると思います。

私にキャスティングの決定権はありませんが、こうしたバランスを整えて、できるだけ若手にその時々のふさわしいアドバイスをしてあげたいと考えています。バラエティをやっている人もニュースを正確に読めるようになってほしいし、スポーツ番組では伝統の箱根駅伝中継もあるしサッカー中継も熱い。それぞれのジャンルの基礎を全員に身につけてもらって、そこから本人の志向性や会社が育てたい道などをトータルに判断してキャスティングしていくことで、人気にでこぼこがあってもアナウンス部全体のパワーアップを図っていくことができると考えています。

テレビ局に限らずどの会社にも花形部署があり、花形エースがいると思います。今、自分は活躍できていないと嘆いている人達も、組織の中には必ずあなたの役割はあるはずです。

私の経験を告白すると、実は若手の頃、バラエティ番組も担当してみたかった。楽しい演出と素敵な衣装、みんなが笑顔になれる夢のような世界。当時は女子アナブームの真っただ中で、フジテレビの女子アナ三人娘（有賀さつきさん、河野景子さん、八木亜希子さん）に対抗すべく、開局40周年記念企画としてＤＯＲＡという女子アナ歌手ユニットも結成されました。抜擢されたのは私の2年上の永井美奈子さん、1年上の米森麻美さんときて、私を飛ばした1年下のヤブちゃんこと藪本雅子さん。見事に私の上と下で（笑）。

思えば、20代の私は、広報のＰＲ番組や、早朝番組、スポーツ番組などで放送の基礎を叩き込まれる現場を渡り歩いていました。ドラマのＰＲとなれば、台本を全部読んで役者さんにいかに質の良いインタビューができるかに悩み、早朝番組ではできる限り台本を覚えるよう指導されて夜の寝つきが悪くなり、冒頭1分のアドリブコメントのネタ探しに四苦八苦し、スポーツの取材では現場のルールを守りながらパンチの効いた選手の声もとってこなければならない。そうこうしているうちに、報道番組に移って、法律や警察用語を確認しながら取材で抜け落ちていることはないか、中身のある取材になっているだろうかと、常に手探り状態で走り続けていました。正直なところ、どの分野も私にとってどこで満足したらいいのやら全く分からず、全力投球で臨むしかありませんでした。

当時の「昭和の叩き上げ」の男性部長には、体力だけはあり、真面目に仕事に取り組む姿勢だけは認められていたと感じています。華やかなバラエティ番組を担当する先輩や後輩を横目で眺める私に「絶対に豊田はバラエティに出さない」と言われたこともありました。物言いとしてはとても乱暴ですけれど、愛嬌もなければ、ウイットに富んだ会話の返しもできない不器用な私には、アナウンサーとして伝えるべきものを探し出し、しっかりと表現力を磨いて伝えろと教えてくれていたのだと思います。

その頃から、アナウンサーのタレント的な存在感にあこがれて入社してくる後輩が増えてきました。バブル崩壊後、テレビの世界が様々な仕掛けで勢いを増して元気になってきた頃のことです。

アナウンサー出身のこの男性部長は、いわゆるトップスター以外の8割のアナウンサーをどう使うかということを見据えて、鍛えていくという流れをつくった人でした。

巨人軍の取材に臨む前に、ダイレクトに言われたことを今でも覚えています。

「選手とプライベートで会おうなんて考えるもんじゃないからな。現場でその選手の魅力をきちんと伝えることだけを考えて取材してこい！」

アナウンサーであるがゆえに与えられる貴重なチャンスを、「女子アナでございい」と甘えるのではなく、現場でこそ充分活かせという念押しです。

女性アナウンサーの優秀さを活かす起用も光りました。実況といえば男性アナという時代に、横浜国際女子駅伝の中継所実況を全員女性アナウンサーに担当させて実績をつくり、現在の天皇陛下と雅子皇后の「ご成婚パレード」も、実況を女性アナウンサーでつなぐという異例のキャスティングを実行したのです。他局にはない試みでした。そういった経験を受け継ぎ、令和の時代を迎えての「祝賀御列の儀（パレード）」の実況も、後輩女性アナウンサー達が立派に務めることにつながりました。

与えられた場所で着々と取材力を身につけ、地道にどん欲に自分の足で情報や知識を蓄えている女性、大人の感覚を持つ女性の魅力を、キャスティングによって引き出す、こういう仕事の仕方もあるのだなと、当時の私は深く学びました。

改めて振り返ると、私がこれまで長くアナウンサーを続けてこられたのは、地味であっても一つひとつの基礎を積み重ねてこられたからではないかと、今は思います。先輩達の仕事ぶり（マネージメントも含めて）を表で裏でと、じっくり観察できる環境にあったことも、幸せでした。今ではこれらの積み重ねが、私にとって実はすべて必要なことだったと思えます。

「チャンスがない」とへこんでしまうのは時間の無駄遣いです。チャンスは今ではなく、近い将来必ずやって来る。次のステップのために力を蓄えましょう。その力が、間違いなく会社の中で大切な役割を果たすことにつながるはずです。

アナウンサーのワークシェアリング

平成の終わり頃から、働き方改革の一環で「ワークシェアリング」という言葉が社会に浸透してきたと思います。法整備が進んだことで、コンプライアンスが求められる会社は改革を迫られ、働く人達の意識も自然にそれを受け入れる流れができました。

昔のテレビの現場は、「自分が良い仕事を極力たくさんやりたい」という思いが強烈だったと思います。アナウンス部もたとえるなら「個人商店街」みたいなもので、アナウンサー個々の思いとしても「自分ファースト」から将来を見据えがちです。局アナとして生き残れるか、他部署に異動になるか、退職してフリーになるか。この選択肢の中で毎年新入社員を迎え、自分は1つ歳を重ねて、女性アナウンサー達は複雑な心境を抱えてきました。

良くも悪くもアナウンサーは歳の近い同僚に競争心を持ちます。誰かが番組に抜擢されれば羨ましくも感じるし、自分が降板するとなれば悔しくも感じるし、焦りもする。

私もそうでした。しかし、テレビの世界がコンビニエンスストアのように24時間生放送対応するようになると、当然適正な労務管理が必要になりますし、体調不良のアナウンサーに我慢をさせてむりやり番組出演させることは、本人のためにも会社のためにもならないという考えに至ります。私自身の発想転換は簡単でした。部の仕事全体のクオリティを高めるために、表に立つ若手を育成することで背中を押してあげ、若手がこなせない裏のことは私の経験で補ってあげようと。そういう仕事にこそ地味に達成感があるので、悔しさや焦りは消えて、「大人のスタンス」が身につきます。部員の誰かが失敗をした時の対処も、「ワークシェアリング」の発想で考えるとチームワークのつながりで考える余裕ができますし、独り勝ちや独り負けでギスギスするようなこともなく、健全でフラットな感情をキープできるのです。「人気がある、ない」の物差しは、永遠に続く価値観ではないのですから。

私もほどよく歳を重ね、後輩のフォローも昔ほどがんばれなくなっていますが、そんな自分にキリキリすることなく「ここは誰かに任せ、私はここを押さえてあげればいいかしら」と思えます。やってみると、そのいい加減さが結果オーライで、後輩にもちょうどよかったりするのです。子育て中の人が昼間の働きやすい時間帯の仕事を、独身者や子供のいない既婚者は早朝や深夜番組のシフトを引き受ける……などというのは、そんな流れの象徴です。昨今はCSやBSといった衛星放送の番組もあり、アナウンサーの受け皿も多少増えています。インターネットの動画配信も、地上波放送に並行して積極的に行われていますので、これからはアナウンサーの活躍の場も、認められる観点もどんどん変わっていくことでしょう。

令和のこれからは良質の人間関係を維持し、さらなる良い結果を生み出すためにはどうすることが最適かを考え続ける時代だと思います。

ワークシェアリングが一般化するよりも先んじて、日本テレビでは人事的に「部署の垣根を越えて仕事のノウハウや情報を共有すべき」との狙いからジョブローテーションが積極的に行われてきました。私が専門職だからでしょうか、かつて入社3年目の男性アナウンサーが異動になった時、「早すぎる」と抵抗を感じたことがありました。入社してわずか3年では、アナウンサーとしてまだ発展途上であって、将来への判断など下せないと思ったからです。しかしその彼は今や、アナウンサーの気質がわかるスポーツディレクターとして、違う視点から先輩&後輩アナたちと理解し合いながら現場で大活躍しています。

テレビが地上波の番組だけだった昔のアナウンサーは、そこでの陣取り合戦。

しかし今は多様性の時代。アナウンサーも色々な働き方によって、様々なチャンスの中で面白い個性が見直され、テレビを通して皆さんを楽しませられるようになれば、会社のメリットにつながっていくと信じています。

ネットワークは社内から

会社員のメリットの一つは、社内に人間関係のネットワークを構築できることだと思います。

私が20代、30代の時のコミュニケーションの代名詞は「ザ・飲み会」と言ってもいいでしょう。私自身は「仕事の糧になる話が聞けるなら、どんなことでも聞いておきたい」との強い思いがあったので、結構誘いに応じていました。振り返ると、アナウンサーではない社内の他部署の先輩との飲み会が多かったように思います。そこでよく言われたのが「アナウンス部内の価値観だけで仕事をしていてはだめだよ」ということ。アナウンサーとしての仕事がままならなかった当時の私にはただ受け止めるだけで精一杯でしたが、年齢を重ねてくるとその意味が痛いように分かってきます。放送の現場には、様々な役割の人がいて、その役割独特の文化があって、目に見えない仕事もたくさんある。同じ仕事でも、社内の力学によってどう展開するかは、いかようにも変わってきます。せっかく自由なテレビの現場で仕事ができるのだから、「与えられた、出役《でやく》としての価値観」だけでは、面白くないよ……ということを様々な言葉で教えてくれていたのでした。

また、私の社内ネットワークは「第三者の眼」にもなってくれています。何といっても社会の情報を扱うプロが大勢いる会社です。事情通の身内の眼ですから、時には共有する情報の中でも、かゆいところに手が届くような的確で具体的な指摘やアドバイスもあります。

私が社内の親しい方と話していてよく尋ねるのは、アナウンス部のこと。

「最近、アナウンス部は外からどんなふうに見える？」

すると、新しい企画やそれにともなうキャスティングの話、様々な場所での若手の下馬評など率直な意見も聞かせてもらえて、とても参考になることが多いのです。私が若手の育成に関わっていることを踏まえて、「一応、豊田さんの耳には入れておいたほうがいいと思って……」などと、裏側の貴重な情報が飛び込んでくることもあります。もちろん、厳しいご意見もあり、ネガティブな意見ほど考えるべきことがたくさんあって参考になります。

日本テレビには現在、約1300人の社員がいます。ジョブローテーションを積極的に行ってきた会社ですから、多くの社員が、様々な部署に異動しながら業務経験やスキルを身につけ、色々な価値観を持っています。私自身はといえば、専門職として30年間異動せず、定点観測あるのみ。局アナウンサーという仕事柄、社内に私を知ってくれている人が大勢いるのはメリットと思い、私自身が仕事の問題で判断に迷うようなことがあった時は、廊下ですれ違った先輩や同期を突然つかまえて「ちょっと一緒に飲みませんか?」なんて、お願いすることもしばしばありました。大概そういう飲み会では、力強いアドバイスがあって、私の記憶に強く残る良い思い出となっています。

ちなみに、私の社内ネットワークを機能させる営業術は、社内を歩いている時、たいていがすれ違う人に挨拶をすることです。「お疲れ様です!」という言葉は、社内で誰にでも通用する言葉です。相手が久しぶりに会う人なら「今どんな仕事を?」と続けられるし、お世話になった人なら「先日はありがとうございました」、警備員さんなら「いつもありがとうございます」と、感謝の気持ちを添えられる。コミュニケーションの基本は、やはりフェイス・トゥ・フェイス。私はアナウンサーですから……。

さらにもう一つ。私の担当業務の中に、社外のネットワーク関連業務もあります。日本テレビには系列局といって、報道や番組販売などでお世話になっている地方局があるのですが、アナウンス部としても各地域との連携を意識した情報交換をするために、私は「系列担当」の仕事をしています。具体的には採用に関する情報交換や系列局の若手研修、アナウンサーの活躍を表彰する事務局の運営を任されています。毎年、地域ごとの責任者会議に参加するために出張に行くのですが、デジタル化や経済的な状況を受けたアナウンサーに関する情報交換をしたあとの懇親会は、アナウンサー事情を本音で話し合う大切な場にもなっています。系列局のアナウンサーからの相談も受け、その内容をかみしめながら、私は時代の変化を感じ取っているのです。

飽きっぽさ転じて孤独なバランサー

自分の性格分析をするならば、飽きっぽい性格かもしれません。昔からとにかく好奇心旺盛で、俗に言う「やじうま根性」が強い。そもそも自分がもの知らずであることを充分認識しているので、知らないことは少しでも多くを知って、自分の生活に役立たせたい。

アナウンサーになってからは、「注目される存在になる」ことよりも、むしろ「人がやらない面白いことをやりたい」し、同じことをやるにしても「何かをこっそり変えて1人で充実感を持ちたい」というタイプ。

こういう性格がベースにあるので、組織の一員としては部として向かう流れが「右」に行くのなら、かっちりその目標を押さえた上で、こっそり違う方向も見て別のメリットを探したくなる。

ポジティブで勢いづいている時は、「おいおい、このままで大丈夫?」とネガティブな目でリスク管理をする。

上司が前に出て部全体を押し出している時は、裏側を「締める!」ことに徹してみる。

部員の多くが不満だらけで文句噴出の時は、鼓舞する言葉連発で地味な作業を買って出る。

思えばいろいろなパターンの対応をしてきたものです。微妙な調整を重ねたり、言葉のかけ方だったり……。

気がつけば、今の私は「バランサー」になっていると思います。アナウンサーとして情報・スポーツ・報道という分野を渡り歩き、実況・ナレーション・生放送・収録番組といった、あらゆるアナウンサーの仕事場において、ほとんどの分野を担当し、すべての現場で私は楽しみながらも厳しい評価を受け続けてきました。「はい」とうなずき、「わかりました」と受け入れ、じっくり深く考えながらここまで来ているので、打たれ強さだけは誰にも負けないくらい私の強みとなりました。その変化形がバランサーです(笑)。

そんな経験を今一度自分の中でブラッシュアップしたい、私のものだけで終わらせてはもったいないと思った先に見出したのが、若手の育成という分野です。

未熟な新人の気持ちをつかみ、私の言葉に集中させる。

↔ 自分のプレゼンテーション力を磨く。

新人にアナウンスメント技術を確実に教える。

↔ 私が身につけた知識や経験を確実な言葉にし、自分の中に定着させる。

全く今までにない感覚の新人が入ってきたときは……。

↔ アナウンサーのあるべき姿を一緒に考え、新たな可能性を考え、私の経験で考え得る方策を提示し、急がずじっくり見守る。チャンスあらば、私も新感覚を取り入れてみる。

過去のアナウンス部の研修を振り返ると、一部の先輩が「短期間」では育成を担当してきても、「何年もかけて腰を据えて関わる」という仕事の仕方はしていなかったので、私にとっては「新たな挑戦」にも感じられました（実際これほど長く続くとは思いませんでしたが……苦笑）。

アナウンサーの仕事は、基本的には孤独なものです。そして芸事同様「守破離」の流れがあることを強く実感します。つまり、若いアナウンサーは基礎を学んで好きなアナウンサーの真似をすることから始まり（守）、先輩の技術を盗んで少しずつアレンジし（破）、来るチャンスをつかめば独自の表現が生まれて（離）、視聴者の皆さんに個性として記憶に残っていく……。そんな流れに乗るためには、やはり私は他人がやっていないことを先んじてやり、それを面白がって続けることが何かのチャンスにつながっていくのではないかと思っています。これは、実はどんな仕事にも通じるポイントなのではないでしょうか。

上司と部下のあいだにある会社の狙い

厚生労働省の労働安全衛生調査によると、職場の悩みやストレスの原因として「職場の人間関係」はいつの時代も常に上位に入っているようです。また、ビジネスウーマン向けのサイトや雑誌での悩み相談や「上司との付き合い方」などの記事は人気の鉄板ページだとか。

さて、私の場合。30年間同じ会社の同じ部署に居続けていますので、かれこれ13人の部長の下で仕事をしてきました。もともとアナウンサーだった男性部長、そうではない男性部長、女性部長もいましたし、現在は年下の男性上司です。振り返れば、番組のキャスティング権（アナウンサーの生命線のようなものです）を握る部長の個性が、間違いなく部内の雰囲気をつくり出してきましたし、大きな仕事を乗り越えた時は、私はその仕事と当時の部長を関連づけて記憶しています。

部のトップだけでなく、アナウンサーが何人も関わるイベントではその中のチーフが上司にもなりますし、番組ごとにいえばプロデューサーやディレクターも上司のような存在です。

アナウンサーは基本的に依頼を受けて仕事をしている立場ですので、私自身は日常的な付き合い方や相性などを意識する以前に、やはり仕事の内容に集中します。人事に関連することなら、この上司のどこを認め、何をさせたくて会社はこのポジションに就かせたのか、「会社の狙い」を見定めます。なぜならばその狙いは必ず、上司の仕事の方針につながってくるからです。私は上司との関係はまず仕事ありきと思っていますので、上司の方針であるところの会社の狙いを外さないことを念頭に置き、自分がどれくらい貢献できるのかを考えます。そして仕事の内容によって「ちょっと距離をおいたほうがいいかな」とか「近づいてみようか」といったバランスを見極めます。

これが私の上司との関係です。

男女雇用機会均等法が施行されて約30年。働く女性の活躍を後押しする法律として２０１５年には女性活躍推進法が成立しました（２０１９年改正法成立）。政府の後押しで、平成から令和にかけて女性活用の推進がブームのようになってきていますが、社会全体ではまだこれからという状況だと思います。本来なら男女問わず一緒に考えていかなければならない様々なライフイベントが、今までは女性が負う部分が大きかったために、社会全体（特に男性）の考え方が変わることは必要不可欠ですし、仕事をする女性自身もそれなりの責任感と覚悟が必要になってくるでしょう。

私の所属するアナウンス部でいうと、結婚退社や退職してフリーに転身する人も多く、女性管理職は2～3人という状況です。部署によって仕事の内容は全く違いますが、日本テレビ全体では、女性の管理職はずいぶん増えてきたと感じています。

さて、上司は上司、向き合い方に性別は関係ないとは言いつつも、やはり意識してしまうことが一つあります。女性が、自分以外の女性の仕事ぶりを見る時には、男性社会の中でどのような感覚でふるまっているかということに、とても敏感です。女性を意識させずに男性の中で一体化していくことを目指すのか、独自の感性で歩んでいこうとするのか。女性上司と自分の感覚が、この点で違う場合は気遣いが必要だと感じてきました。仕事の進め方や、社内での立ち位置の定め方は実に人それぞれ……。感情的にならずに、冷静な観察力が必要です（今や私も、後輩達にそんな視線を向けられているのかもしれませんね）。

ちなみに後輩達との付き合いはどうしているか？　と問われれば、基本的には仕事ぶりをしっかり観察することに徹しているというくらいでしょうか。私自身、部内で個人的に仲がいい人、悪い人といった関係を極力持ちたくないので、歳の離れた後輩であっても「同僚」と考えるようにしています。もちろん相談を受けた時には親身になって話を聞きますし、飲みにも連れていきます。むしろ後輩達には、仕事の話以外で「うるさいおばさん」と思われないようにしないと……（苦笑）。

STORY

第6章

女性アナウンサーのリアルストーリー

●

報道篇

女性部長からのアドバイス

1998年、秋の番組改編にともない、私は『スポーツうるぐす』を降板。ほぼ間《ま》をあけずに10月から『NNNきょうの出来事』の担当となりました。つまり、スポーツから報道の世界へと活動の場を移すことになったのです。

思い返してみれば、日本テレビに入社した時の自己評価は「もの知らず」の私。以来、何の知識もないのに一からスポーツ番組や中継を担当し、失敗を繰り返しながらスポーツの魅力に取りつかれ、人間観察を積み重ねることで表現力も身につけ、大舞台も経験させてもらってきました。そんな時に、転機がやって来たのです。

スポーツで様々な取材を経験し、番組をつくり上げるノウハウもある程度把握できるようになった今だからこそ、スポーツを含むさらに広い社会が知りたい、視野を広げたい、報道番組に関わってみたい。20代の頃ではどう考えても難しかったけれど、今だったら……。内心、そんな欲も出てきていましたが、当時はアナウンサーの側から「私はこの番組をやりたい」などとは言いにくい雰囲気でした。もし、口にしたとしても「お前が番組を選ぶなんて百年早い」と突っ込まれるのがオチ。そもそも、それまで地上波放送でスポーツを担当しながら、時々ケーブルテレビの番組でニュースを読むことがあったのですが、その評価にしても「あなたにはまだニュースは早い。地上波では読ませられない」と言われ続けていたのです。

今でこそ若いアナウンサーは、デビューがニュース読みですし、番組名まで挙げて堂々と自分のやりたいことを自己主張しますが、当時はそれが現実でした。

そんな時にアナウンス部長だったのが、女性アナウンサーの大先輩、石川牧子さんです。1970年入社の石川部長は、日本テレビの番組に出ていない日はないと言われるほど様々な分野で活躍し、実績を残された方です。時代は昭和。圧倒的に男性が幅を利かせる会社の中で、女性が仕事としてアナウンサーを続けるのは、現在と比べようもないほどとてつもなく厳しく、大変だったはずです。そんな中でも揺るがずに仕事をこなし、次の世代につなごうとしてくれていた石川さんは97年、キー局では女性で初めてアナウンス部長になっていました。

そんな石川部長だからこそ、私の悩みを察してくれていたのだと思います。面談では単刀直入に「『スポーツうるぐす』でキャスティングを替える話があるのだけれど、あなたはこのままずっと続けていきたいの？　あなた自身はどう思っているの？」と聞かれました。まさに「直球ど真ん中」の問いかけです。そうなれば私の返事も直球になります。

「そろそろスポーツを卒業して報道の勉強をしたいと考えています」と。

すかさず部長は「報道の番組で探ってみるけど、待てる？　『〜うるぐす』でつないで待つのは許さないわよ」とピシャリ。

「では番組を降りて、チャンスを待ちます」と退路を断ち、「覚悟」を決めた瞬間になったのでした。


ちなみに『スポーツうるぐす』最後の出演シーンは、しんみり番組を振り返るでもなく、じっくりカメラを見据えてご挨拶するでもなく、監督就任が期待されていた江川卓さんに、私が「それにしても江川さん、いつユニフォームを着るんですか〜？」と笑いながら聞いたところでブチッと切れて終わっています。私としては、私らしい番組の終わり方だったなあと良い思い出となっています。

今思えば、この番組のラストシーンに象徴されていたのかもしれません。スポーツの世界への名残惜しさを感じる間もなく、思いのほか早く次のチャンスが巡ってきたのです。

『～きょうの出来事』のフィールドキャスターに

90年代の平日の『NNNきょうの出来事』は、夜10時55分から約30分間の番組で、現在の夜のニュース番組『news zero』との違いは、芸能やカルチャー、スポーツのコーナーがなく、当日のニュースと報道企画物、天気予報だけで構成されていたこと。1954年から2006年まで番組は継続しましたが、日本の民放テレビにおいては最長寿番組でした。

スタジオのメインキャスターは井田由美アナウンサー。そこにニュースを読む長谷川憲司アナウンサーがサブとして加わり、私の役割は「フィールドキャスター」でした。この名称は私が番組に加わるときに、報道局長が考案してくださったものです。

フィールドキャスターとは、ニュース発生を受けて直ちに現場に行き、取材をし、放送では現場の状況も含めた最新情報を中継リポートするキャスターのこと。この頃は社会の変化にともない、ニュースバリューの高い出来事が次々と発生し、夜遅い放送時間であっても事態が動くことが多い状況となっていました。番組からは、トップニュースの内容充実を図るために、しゃべりのプロであるアナウンサーを起用したいとの依頼があり、私にその役割が回ってきたのです。

そのため、全国ニュースで伝えるべく事件・事故が発生した時は即「豊田が行け！」と命じられ、すぐに現場に駆けつける日々が始まりました。フットワークの良さにおいては誰にも負けない自信があった私には望むところでしたし、専門知識が必要なものよりも、普通の生活者としての感性が必要なネタこそ、現場での取材とそれを伝えるリポートで、どこまで真に迫った報道ができるかがアナウンサーの腕の見せどころだと思い、フィールドキャスターはとてもやりがいがあるポジションでした。

現場を駆け回りながら学んだ報道用語

もちろんロールモデルのない初めての挑戦ですので、とまどいもありました。『スポーツうるぐす』を降板してから、準備期間がほとんどなかったので、警察用語や法律用語、政治から経済の知識まで、現場を駆け回りながら改めて少しずつ学んでいくことになりました。日本テレビの番組で解説をしてくださっている元東京地検特捜部長の河上和雄さんの著書を読み込み、ニュース原稿に出てくる警察や検察の動きの基礎をおさらいすることもしばしば。加害者の呼称も立場によっては変わってきますし、捜査と捜索をうっかり間違えるとニュースの信憑性にも影響します。裁判になればさらに法律に基づいた言葉遣いが求められ、アナウンサーとしてひどい間違え方をしたら放送内容自体が訴訟問題になりかねません。カタカナ用語だらけのスポーツとは大違いです。

また、ニュース報道の現場では正確な事実を伝えることが何よりも優先となります。感想めいた不確かな主観的表現や、個人的な思い込みで断定するような物言いも、事実誤認につながれば命取りとなります。そのために、情報の出どころを明らかにして「○○によりますと、○○ということです」など、ニュース原稿独特の表現を習慣づけることに最初は苦労しました。多くの事実を提示することで視聴者自身の理解にゆだねる……報道独特の表現を体に浸透させる作業は、私に新鮮な気持ちをもたらしました。

報道の初マイクは「和歌山毒入りカレー事件」

『NNNきょうの出来事』の初出演は98年10月5日・月曜日。その日のトップニュースは、「和歌山毒入りカレー事件の容疑者夫婦逮捕」でした。

事件発生は同年7月25日。以来マスコミの取材が殺到し、連日加熱気味にニュースで伝えられていた事件です。私は番組開始の3日前から現場に入り、早朝から深夜まで、東京にいつ戻るのかも告げられないまま、怒濤の取材活動に入っていきました。奇しくも初出演の前日、警察情報を受けて午前3時過ぎに現場に向かい、上空を何機もの報道ヘリコプターがビュンビュン飛び回る現場でマイクを握り、早朝の容疑者夫婦の逮捕劇を実況リポートすることになったのです。

以降、新聞の一面に掲載されるようなトップニュース級の現場に、私はこの仕事を通して関わっていくようになりました。

「マイクの前で待っていろ!」~忘れられない「9・11」

『NNNきょうの出来事』時代で、最も印象に残っている事件、忘れられない事件は、2001年の「9・11」です。

アメリカ同時多発テロ事件が発生したその時、私は報道フロアにいました。オンエアの2時間ほど前で、その日の番組で伝える予定だった狂牛病BSEについて、どうすれば分かりやすく伝えられるか、ディレクターと推敲を重ねていました。そんな時、報道フロアの誰かが突然大声で「NHKを見ろ！」と叫んだのです。その時はすでにニューヨークのワールドトレードセンターに旅客機が激突していて、アナウンサーが「事故かどうかの確認はまだできていない」旨のアナウンスをしていました。そうこうするうちに、さらにもう一機がビルに突入する映像が流れたのです。

あらゆるスタッフが一斉にあちこちへ走り出し、報道フロアにテーブルが運び込まれ、ただならぬ雰囲気に変わりました。午後9時からはドラマが始まっていましたが、ブレーキング（緊急速報）をすることが決定。「豊田、マイクの前で待っていろ！」という叫び声がして、その数分後には「行くぞ！」。そして午後10時25分頃、「番組の途中ではありますが、ここで緊急ニュースをお伝えします」という有事の第一声を発し、そこから先はファックスで送られてくる通信社の外電を、ただひたすら読み続けました。当時はまだ東京・麴町の旧社屋で、ファックス用紙はロール紙。ファックスは途切れることなく用紙を吐き出し続けていました。

引き続き午後10時55分からの『～きょうの出来事』は特番となり、報道フロアでは私が外電情報を読み続け、スタジオでは井田由美キャスターがその内容を受けて専門家に解説を聞くという流れを繰り返します。私の横には外報部のデスクがつき、次から次へと感熱紙の原稿を渡してくるのですが、中には「アメリカン航空11便がハイジャックされた模様」との原稿を読みながら、便名が11便なのか、11機という意味なのかにとまどい、デスクと視線を交わす「間」が緊迫した状況を伝えることにもなりました。急遽始まったこの特番は、状況を見ながら午前2時まで続きました。

瓦礫と煙のニューヨークへ

事件発生が日本時間の火曜日。翌日からニューヨークへ向かおうとしましたが、前代未聞の事態にアメリカの空港は閉鎖されてしまいます。番組のオンエア以外の時間は成田で待機し、4日後にようやく日本からニューヨーク行きの最初の便に乗ることができ、ディレクターと私は機上の人となりました。

ニューヨークの混乱した現場に入ってからは、じっくり構える余裕などありません。カメラマンと共に動き回り、とにかく目の前に広がる信じられない光景をしゃべり続けました。高層ビルが崩壊した残骸は巨大で、それはまだ燃え続ける火災現場となっています。途切れることなく立ち上る煙。何十メートルも離れているはずなのに感じる熱や焦げた匂い。自分の大切な人を探してさまよう人々の表情は、不安と恐怖、悲しみにあふれています。街全体が混乱状態ですから、マスコミといえども多くの制約を受け、場所を変えるたびにセキュリティチェックを受けなければならない状況でしたが、それも含めて記録に残して東京に送ろうとの思いが強まりました。

広い範囲で規制線が張られていますので、車移動も時間が読めず、荷物をかついでひたすら歩きます。そこここに「missing（行方不明・この人を探しています）」の写真が張り出されている街を歩き続けると、人捜しに力を尽くす現地の方々の姿が心に迫ります。消防隊、警察、急遽結成された捜索・救助隊、ボランティア……様々な立場の人達が、必死に安否確認と行方不明者の捜索を行っていました。本当に、様々な人にマイクを向けて話を聞かせてもらいました。事件直後の救助活動で消防士の息子さんが行方不明になり、ボランティアで捜索にあたるプエルトリコからの移民の父親や、ブルックリンのアラブ人街では、イスラムということで差別を受ける子供を心配するタクシー運転手、アフガン女性の活動家の思い……アメリカが抱える様々な事情が浮かび上がってきます。

ニューヨークからは毎日中継で状況の変化を伝えつつ、現地に暮らす人々の思いを日本に伝えようと思いました。

これまでも何度か触れたように、私はアナウンサーが報道に関わる際、重視すべきは「主観」より「客観」だと考えています。しかしこの時ばかりは、国は違えど同じ生活者として、内心はかなり情緒的になっていたと思います。だからこそ徹底的に取材をして事実をかき集め、できる限り冷静でいよう、感情的な言葉は排除しようと努めていました。

これだけ大きな事件の発生直後の現場を目の当たりにしていたので、ニューヨークのその後の変化は気になります。3年ほど前、休暇を利用してニューヨークを訪れ、事件から17年以上が経過したワールドトレードセンター跡地に向かいました。周辺のビルの上から見下ろした火がくすぶっている光景は、まだ鮮明に頭の中に残っていましたが、17年の時を経て、現場は全く変わっていました。あの時はこの瓦礫の山をどうやって片づけるのだろうと途方に暮れた気分でしたが、今や跡地はきれいなオブジェとなり、「9・11」を伝える博物館が建てられ、世界中から大勢の観光客が集まっていました。歴史に刻まれた大きなテロ事件を忘れてはいけないと思いつつ、時間は前に進み、世界が常に変化していることを実感しました。

ホワイトハウスで小泉総理にインタビュー

アメリカ同時多発テロ事件取材は、ニューヨークからワシントンDCへと続きます。事件を受けて小泉純一郎総理大臣がニューヨークの現場を視察した後、ジョージ・W・ブッシュ大統領と会談するためにホワイトハウスへ向かうとのことで、私も政治記者とともにワシントンDCから中継リポートを担当することになったのです。

中継のポイントは、直後に始まる、テロ事件を受けての首脳会談の内容。「同盟国としての役割を果たしたい」とする小泉総理と、「テロの報復攻撃の地固め」を始めているブッシュ大統領。テロ事件が戦争へとつながっていくのか、日本はそこにどう関わることになるのか、解説を聞きながら背筋が凍る思いがしたものです。

時差の関係で中継リポート開始は午前9時55分。それを終えると、ワシントン支局長から「人数枠の制限があるけれど、取材申請を出しているのでこれからホワイトハウスに入れる可能性がある」と告げられ、「行きます！」。入館時にはすべての荷物を隈なく調べられましたが、無事ホワイトハウスに入ることができ、なんと首脳会談を終えた直後の小泉総理の囲み取材に立ち会うことができたのです。その場に東京から来たアナウンサーは私だけ。聞きたいポイントは中継で予習済みですから、矢継ぎ早に質問を投げかけました。

その後は欲張ってペンタゴンの被害状況を取材し、ニューヨークに戻って日本へ帰国。2週間にわたる濃密な取材を終えました。

思えば、緊急速報を担当してから日本を飛び出し、同時多発テロの現場からホワイトハウスへという展開の速さに正直、頭の切り替えが全く追いついていませんでしたが、とにかく必死でした。グラウンド・ゼロと呼ばれている、市井の人々が大混乱に陥っていた場所にいた私が、数日後にはアメリカのポリティカル・パワーの象徴であり、日米のトップが顔を合わせていた建物にいる。

歴史が変わるその時、その場所に立ち会えたことで、報道に携わる人間の責任の重さを痛感したことも確かです。

その後、『～きょうの出来事』での取材や中継では国内外で何百という現場に向かいましたが、すべてにおいて全力で臨みました。

「イスラム国とみられるグループによる日本人ジャーナリスト殺害事件」の緊急速報

2003年に『～きょうの出来事』を降板したあとも、私は様々な番組でニュースを伝え続けています。ニュースというものは、大きな事件・事故発生を受けて、それを伝えます。基本的に生放送ですから、オンエア中であっても伝えるべき新たな出来事が発生すれば、速報性を重視するテレビは即座に対応します。どうも私はそういうシチュエーションに遭遇することが多いように思います。

2015年1月末の「イスラム国とみられるグループによる日本人ジャーナリスト殺害事件」の第一報もそうでした。インターネットの発達によって、今や世界中の情報をリアルタイムで扱う時代。早朝だろうが、深夜だろうが関係ありません。そのため、報道局フロアでは毎晩泊まりの記者が当番制で情報をウオッチしています。イスラム国に関する動きも、それまでの傾向として現地の夜中、日本時間の朝に判明することが多く、海外報道担当の記者達も戦々恐々でした。日本人ジャーナリストが人質になっていることはすでに報じられていたので、その後の救出が注目されていた分、世の中の緊張感も高まっていました。

週末昼のニュースは、アナウンス部のマネージメントも兼ねてレギュラー担当している私ですが、日曜日早朝の『NNNニュースサンデー』の担当は、シフト制です。主に若手のアナウンサーが担当することが多いのですが、1月最終週の金曜日、突然アナウンス部長から私に「イスラム国に不穏な動きがあるから、『NNNニュースサンデー』に入ってくれ」という指示があったのです。

通常の日曜日は、報道も最少人数で対応するのですが、さすがにこの日は多くの記者が詰めかけていました。私も午前4時には出社し、メイクを済ませて報道フロアへ。すると、いつもとは明らかに違う緊張感が走りました。日本人ジャーナリストを殺害したとされる映像がインターネットで公開されたのです。

本来の放送予定番組は午前6時から『皇室日記』、そのあと6時15分からの『NNNニュースサンデー』で、私がこの日本人ジャーナリスト殺害の第一報を伝えることになると受け止めていました。有事モードの緊張感でオンエアの準備を進めている中、5時50分を過ぎた頃、いきなり報道局長が「編成と連絡が取れた。『皇室日記』を飛ばして、その枠を全部このニュースでいく」という決定を下したのです。そして「キャスターは豊田アナウンサー！」と。

情報管理と時間管理の集中力

オンエア開始10分前に決定した緊急放送。誰もがやるべきことに追われます。通常の放送ならキャスターの私の横にいるはずのデスクもいないし、カメラの横にいてディレクターの指示やコマーシャルが入る確定時間を伝えるフロアマネージャーもいない。いつもなら外報部の記者が書いた原稿を外報のデスクがチェックし、続いて番組デスクがチェックし、複眼でミスがないことを確認して私の手元に渡されるはずの原稿が、この時ばかりは私が外報デスクに取りにいく状況。じっくり原稿を下読みして、読み尺（原稿を読む時間のこと）など確認している余裕などありません。

本番まで数分となった段階で、番組デスクから項目表を受け取り、15分の構成を確認します。番組変更のお断りから始まって、全体を伝えるニュース原稿を読み、解説者に話を聞いてコマーシャル。続いて海外からの中継、別の海外からの電話リポート、日本政府の動きに関して中継リポートがあって、最後にもう一度冒頭の原稿をアレンジして時間内にまとめる……確定時間が6時13分30秒、赤い針は下向きで終了。そんな確認作業です。

テレビのメリットは速報性です。新聞は読者がじっくり記事を読んでくれるメディアであるのに対し、テレビの役割は即時に映像と音声でしっかり伝えなければならない。それに対応できなければアウト。この事件の速報は地上波では日本テレビが一番早かったと聞いています。

結局、私はこの枠を終えてすぐに、通常の『ニュースサンデー』でもう1回、項目をアレンジして伝え、6時30分に自分の出番を終えたのでした。

自然災害の時代となって……

私が報道番組に関わってきた歩みを振り返ってみると、事件や事故、政治と経済の動向、国際情勢など、実に様々な出来事をお伝えしてきたと思いますし、世の中の変化の速さを改めて実感します。どんな最新ニュースも、すぐに歴史の1ページになってしまうことに驚かされます。

そんな中で、これからの時代、しっかりと立ち止まって考えておかなければならないと感じているのが、予測が難しい自然災害に備えることの大切さです。

速報性が問われるテレビにおいては、自然災害をどう報じるか——という重いテーマに、今後も放送局全体が、アナウンサー1人ひとりが向き合い続けなければならないでしょう。

日本はそもそも地震の多い国です。私が入社した1990年以降も、毎年のように災害がありました。入社2年目に発生した雲仙普賢岳の大火砕流では、犠牲になった43人のうちの1人が私と同期入社のカメラマンで、彼を思い出すたびに胸が痛みます。自然災害に関して、地震だけでなく、火山の噴火や豪雨、津波など、様々な脅威になることは分かっていても、「いつ起こるか分からない、どのような形で起こるかも分からない」ものですから、目の前の仕事を優先しがちな放送局が、充分な備えをしていたとは言い切れません。

95年1月17日の阪神・淡路大震災、2004年10月23日の新潟中越地震、2011年3月11日の東日本大震災、2016年4月14日の熊本地震。これだけではなく、全国的に被害をもたらした大雨・豪雨・台風被害などを含め、すべての災害は様々な爪痕を残しています。いかに被害を減らすことができるか、何よりもいかにして人の命を守れるかという情報提供の報道は、テレビの大切な役割となりました。

「もぐれ！」と「しゃべれ！」の連続指示を受けて
～東日本大震災

東日本大震災の時、私は大阪発で放送している『情報ライブミヤネ屋』の挿入ニュース担当で、午後2時50分からオンエアするニュース原稿を、東京・汐留の日本テレビのスタジオで精査していました。4分前にカメラの前に立ち、「はい、マイクテストお願いします。これくらいの声量でしゃべります」と話し始めたその時、ドンッという最初の揺れがきました。そうなると、もうニュースどころではありません。予定の時刻になる前にこちらの映像がテイクされ、私が「今、東京では相当な揺れ、地震が発生しています！」と呼びかけたら、宮根さんも「関西でも揺れていますわ」と。ほんの数秒経つと東京の報道フロアでは天井のライトが大揺れに揺れてほこりが飛び散り、棚や机も揺れて、自分自身も立っていられないほどでした。「(机の下に)もぐれ！」と怒号が飛び交い、キャスターテーブルの上にあるスタンドマイクをどうすることもできない私に、誰かがヘルメットを手渡してくれました。「もぐれ！」と「しゃべれ！」の連続で、私は自分がいる場所の実況と安全な行動への呼びかけ言葉を何とか絞り出して伝えていました。

「皆さん、まずは落ち着いて安全を確保してください」

「かなりの揺れです。今、横揺れです」

「今度は縦揺れです。充分に気をつけてください！」

マイクを握っていても、激しい揺れが襲ってくるので「まずは落ち着きましょう！」とか「周囲の状況を確認しましょう」の連続。自分が揺れの中にいると、これほどまでに周囲の混乱に巻き込まれるものなのだということを実感していました。

想像力が及ばなかった痛恨

そうこうしながら、報道局のトップからは次から次へと指示が飛びます。夕方の『news every.』の担当者達も集まり、緊急シフトの対応が始まりました。キャスターに関しても、『〜ミヤネ屋』で伝えた私から丸岡いずみキャスター（2012年退社）に代わり、藤井貴彦アナウンサー（私の4年後輩）が加わるやいなや「丸岡を外の中継に出すから、豊田はスタジオに入れ」との指示。

誰をどこに配置するかはアナウンス部でなく、引き続き報道局が判断することになり、私はひたすら状況把握に努めるしかありませんでした。いや、今、言葉にするとこうなりますが、実際どこまで冷静に考えることができていたかは自信がありません。未曽有の大震災が発生してから最初の7時間は、自分の目で見ているもの、送られてくる映像、渡される原稿に対応しているだけで精一杯。大混乱の放送の中で、時間の感覚が麻痺していきました。

午後2時46分の地震発生から30分後にはすでに東北各地の沿岸に大きな津波が到達していましたが、広範囲で揺れが観測されていたため、混乱している放送現場にはなかなか被害の状況が見えてきません。そんな時に東京湾で火災が発生していていることが分かると、東京の感覚で火災に目を奪われた形になりました。画面表示を見つつ、「大津波警報が発表されています」と私は言葉では伝えているのですが、正直、津波の経験は人生で一度もなかったですし、警報が発表されていたけれども、惨事のリアリティは東京湾火災のほうが勝っていました。

私がアナウンサーとして随時何を優先させて、どう動いていたかという記憶は残っています。脳内を自分なりにフル回転させていたことは確かです。しかし、これから大津波の危険にさらされてしまうであろう人達にまで、私の想像力は及んでいませんでした。知らない、経験がないということは、こんなにも無力なのか。忘れることのできない痛恨の極みです。

テレビの生放送を仕事場とする局アナウンサーとして

いつもそうなのですが、緊急有事放送や災害報道を振り返ると、「なんとかやり切った」という達成感は一切残っていません。思い出すたびに「あの時、もし、こう伝えていたら……」と数多くの反省点・後悔ばかりがよみがえってきます。自分への戒めと後輩達に引き継ぐ意味を込めて、大事なことを言葉に残しておこうと思います。

テレビという媒体で自分の姿と名前をさらし、世の中の出来事を伝えるアナウンサーは公の立場に近いと私は考えています。所属しているのは民間企業でありながら、携わっている仕事は「公」。だからこそ特に大規模な災害や、人々の命に関わる事件・事故を伝える時は責任が重くなりますし、「私」よりも「公」を優先させる意識も必要です。

私の土・日曜日の勤務は番組出演だけが仕事ではありません。9時半から18時までは、日本テレビの社内にいます。「働き方改革」が進んで、社内で勤務している人が少ないことを踏まえ、有事が起きた時に備えて待機しています。管理職になった今は当然の仕事と考えていますが、私は管理職になる前から「局内にアナウンサーが必ずいるかどうか」目配りをしてきました。コロナ禍であっても、アナウンサーはリモート業務というわけにはいきません。情報が集まり、放送を送り出すことができる局内に「いる」ことも仕事だと考えています。

超大型の台風や集中豪雨、大地震が発生した時は、ただちに24時間態勢で、いつでも生放送できる緊急シフトが始まります。平常時でも生放送がこれだけ多くなった時代でもありますし、アナウンサーの準備ができていないという状況は、もう許されなくなりました。現在は緊急時のマニュアルも用意されていますが、それが今、目の前で起きている事態に役立つものなのかは、その時になってみないと分かりません。なるべく広いケースに対応できるように、1人ひとりが積極的に情報収集し、常にアップデートすることが必要です。本当に起こるということを前提に、訓練や準備をし続ける。このことは新入社員にきちんと伝えていかなくてはと強く思います。「阪神・淡路大震災は生まれる前のことで、教科書で勉強しました」「東日本大震災の時は小学生でした」という世代の入社が始まっていますから、なおさらです。

アナウンサーができる準備は無限にある

人間の心理として、超大型の台風が上陸しても、突然の地震が発生しても「うちは大丈夫」「ここは安全」と考えたくなるものですが、アナウンサーとして仕事をするときは最悪の事態に対応する必要があるので、事前情報・今ある情報よりも悪い状況を予測して、できる限りの準備をしようとします。

たとえば、官公庁のホームページからは実に多くの情報を得ることができます。台風・大雨・地震情報などは気象庁、川の防災情報なら国土交通省、他にも「これは役に立つ！」と思えるありがたいウェブサイトも今は数多くあり、平時にこそ有事ニュースに参考になりそうな情報をインターネットで探し出し、すぐに取り出せるようにパソコンに貼り付けておきます。パソコン上の作業とはいえ、情報を探す作業は地道なアナログ仕様です。

自然災害に関しては、現在進行形の状況では取材に出られるものは限られ、むしろ出られずに待機することのほうが多くなります。「ある場所が危ない」などと予測が具体的になってきた時にこそ、準備していたサイトを確認し、記者やディレクターと早め早めの情報共有をし、安全を確保した中継に向けた準備も含めて進めていかないと、生放送には間に合わないのです。

管理職になって、現場リポートを担当するアナウンサーの様子、映像に映し出される現場の様子にも細心の注意を払うようになりました。傘や雨ガッパ、ヘルメット、長靴など装備は充分調っているか、リポートをしている場所は安全が確保されているか、不見識なふるまいをしていないかなど、テレビならではの大切なポイントをしっかり見るようになりました。現場リポートの意義は視聴者に「危険な場所に行かないでください」という注意を促すことにあるので、命の危険を感じるようなリポートをしてしまっては本末転倒。テレビだからといって、不遜な動きをすることがあってはなりません。

そしてさらに大切なことは、「現在」だけでなく、「未来」の状況も見据えて注意を促すこと。災害被害は、「今起きているかもしれない」し、「この先にこそ、重大な被害が発生するかもしれない」のです。アナウンサーには、「安全バイアス」にとらわれない「自分の仕事が誰かの命を救うことにつながる」という信念も必要だと考えています。

避難の呼びかけの限界と覚悟

災害報道でアナウンサーが伝えることは、刻一刻と変化しているその時の状況と、その対応策に関する情報、身の安全を守る行動の呼びかけです。「放送を見ている視聴者の皆さんに被害がありませんように。命を守ってほしい」という強い願いを使命感に変えて必死に臨みますが、一方で忘れないようにしていることがあります。アナウンサーはその現場にいるわけではないということです。視聴者と同じ場所にいるわけでもありません。映像を見て思い込みで間違った判断を促さないよう、私は常にそのことを意識して、慎重に言葉を選ぶようにしています。

テレビの緊急災害報道は、放送前に大まかな構成を組み立てて始まりますが、経験上、そのとおりに進むことなどまずありません。映像も情報も同時進行で飛び込んできますから、複数の現場とランダムに中継がつながったり、途切れたりする中で、カメラの前から動けないアナウンサーは、できることをとにかくやっていくしかありません。原稿や映像が入ってこなければ行動の呼びかけを、伝えるべき重要な情報が入ればすぐにそちらにシフトします。

ただその呼びかけにしても、たとえば「逃げてください」という具体的な行動の呼びかけが的確な場合と、そうではない場合があります。どこへ逃げるべきか、いつ逃げるべきか、それによっては被災者が危険にさらされる可能性も考えられるからです。逃げるべき根拠や判断材料が様々であることを考えると、私が考える基本的な呼びかけコメントは、「ご自身の状況を冷静に確認し、ご自身の判断で慎重に行動してください」というものです。しかし、自然の猛威の真っただ中にいる人たちや、その映像を固唾《かたず》をのんで見守っている視聴者の感情を想像すると、使命感に突き動かされるように、一歩深く踏み込んだコメントが頭をよぎります。アクセルを踏んでいいのか、ここはブレーキが大切だと考えるのか、迷いは尽きません。緊急放送独特の空気があり、そんな空気を全身に感じながら、私は東日本大震災の放送では「ご家族は大丈夫でしょうか。まず、落ち着いてください」「泣いているお子さんはいませんか」「体の不自由な方やお年寄りはご家族にいませんか？　声をかけ合って状況を確認し、安全を確保してください」といった呼びかけを繰り返していました。

改めて、読者の皆さんには大切なお願いがあります。最新予測でも、南海トラフ沿いで30年以内に大地震が発生する確率が70～80％に高まっていると言われます。私達アナウンサーも、できる限り多くの情報を集めて、皆さんに必要な的確な呼びかけコメントを考え続け、訓練も続けていますが、「その時」になれば皆さんご自身の判断が一番大切です。災害が起こる前にご自身の生活環境を確認し、いざとなった時にどう避難すべきか、事前にしっかりと備えてください。地域の皆さんとの連携も築いておけば、さらに心強いと思います。

私たちもしっかり努めます。一瞬にして有事報道に切り替わる生放送の担当アナウンサーには、覚悟と使命感が絶対に必要です。

何百万もの人に自分の姿をさらして全身で伝えなければならないのだという覚悟。人の命を救うための放送をあずかっているのだという使命感。

言葉は生きもの。だからこそ私たちは、有事にしっかり力を発揮するために、日々アナウンスメント技術を磨くことに邁進しているのです。

ADVICE

第
7
章

次世代のアナウンサーへのアドバイス

「均等法世代」のプロ意識

これまでも何度か記しましたが、思えば平成の時代、週刊誌などで「女性アナウンサー30歳定年説」などという言葉が紙面を踊ったりしていました。気がつけば時代は令和。こんな私でも30歳まででではなく、30年以上もアナウンサーの仕事をさせてもらっています。

この30年間、年2回ある人事異動では先輩だけでなく後輩も様々な部署に移っていて、異動の時期になるたびに「次は私も対象かな……」などと思いながらもう30年です。そして２０１４年春の人事異動、48歳のときに管理職登用され、現在に至っています。２０２０年、部内の女性管理職はもう１人増えて２人となりました。

私が大学に入学した１９８６年。その年に施行された男女雇用機会均等法（以下、均等法）によって、労働基準法に定められた女性保護のための規制が緩和され、女性の深夜勤務や休日出勤も法律的に可能となったことによって、女性アナウンサーの活躍の場がかなり広がりました。積極的に女性アナウンサーを起用して、テレビの現場にさまざまな化学反応が起きるようになると、番組も活気づきます。そんな時代から「女性アナウンサー」の中に「女子アナ」が生まれ、会社の好感度を担うタレント化の流れもつくり上げられました。私がテレビの世界に飛び込んだのは、そんな「変化」の時代です。

私が入社した時のアナウンス部の部員構成は男性アナ21人、女性アナ15人、三十数人の部署でした（ちなみに現在は、60人規模の職場になっています！）。日本テレビは老舗の民間放送局ですから、私が入社した時の雰囲気は、非常に厳格。保守色の強い先輩達ばかりでした。そんな職場ですから、先輩達が持つ「昭和のプロ意識」は、いやが応でも叩き込まれます。男性のそれは想像どおりですが、特に均等法1期生の私達の世代には、それまでの時代をがんばってきた先輩女性の言葉がしみじみと心に強く感じたものです。

「私達の世代には……」から始まるエピソードをどれだけ聞かされたことか……。「だから、あなた達の世代は……」に続く叱咤激励は、今でも心の支えです。むろん、今の時代の育成にはそぐわなくなってしまったものもありますが、継承すべき大切なことは今でも後輩達にはしっかり伝えています。

日本語の素晴らしさを大切する気持ちが、アナウンサーのモチベーションになる

言葉は文化です。日本語は日本文化に通ずるものですから、これはアナウンサーに限らず、社会人なら誰にでも必要な意識だと思います。ただ、今は言葉の自由度が格段に増しているので、様々な意味で私はとても危ういと感じています。

均等法以前の女性先輩達は、公私ともに「女性らしい物言い」が求められ、今とはかなり違う厳しい仕事環境の中で「最もふさわしい言葉」を考え、選択する作業を積み重ねて、言葉遣いを身につけていたのだと思います。そのため、入社後の先輩女性との会話では「いつ、どんな時でも変わらず大人の日本語だな。さりげない心配りを言葉に込めるというのは、こういう言葉遣いなんだ」と憧れの気持ちをもって楽しんでいました。あの洗練された言葉遣いは、何度も何度も推敲を重ねて身につけたに違いない、アナウンサーとしてのお手本でもありました。その雰囲気が残る時代の入社ですので、私の新人時代は、とにかく「台本を頭の中に入れて、原稿に書かれた言葉どおりに読みなさ

い」ということをよく言われ、素敵な先輩に追いつきたくて、必死に台本と格闘したものです。

やがて「女子アナ時代」に突入すると、パフォーマンスも含め、女性は「羽目をはずしている」と思われるはじけた言葉遣いも許され、それが演出にもなって男性陣が喜ぶことに。その延長線上に今があるのは、もう皆さんご存知のとおりです。最近ではSNSで個人的な情報を世界に発信する時代です。公私の言葉遣いの緊張感が、自他ともに相当薄らいでいることを感じます。

こういう時代に、アナウンサーの仕事をできるメリットを挙げるとするなら、私は自分の母語である日本語にしっかり向き合えたことの素晴らしさを挙げたいと思います。「職業・アナウンサー」という社会人になって、より重要になった「仕事道具」が日本語です。意識することなどなかった日本語のアクセントや文法、活用形に向き合い、和語・漢語・外来語・造語での使い分けの妙にうなり、敬語表現の複雑さ、奥深さに日本語の歴史を感じ、書き言葉と話し言葉の違いに日本人の節度も発見。慣用句、助数詞、誤用がまかり通っている言葉など、とにかく生きた日本語を体系的に勉強すると、これほど面白いものはないというくらい深いのです。

話して、失敗して、辞書で確認して、またその言葉を使って……。毎日の放送で欲張り続けてきて、結局のところ辿り着いたのは「誤解のない、過不足のない表現をしたい」ということ。いやはや、言葉は（特に話し言葉は）生きもので、いつまでたっても、自分が満足できる表現の完成品は見つかりません。だからこそ、日々追い求めることが楽しいのです。

皆さんの仕事での言葉遣いも、実は同じではありませんか？

立場を当たり前と思う「慣れ」は不要。創造力があれば緊張感を維持できる

仕事に就くということは、その職業ならではの立場を手に入れることでもあります。アナウンサーなら、アナウンサーを名乗ることができ、番組の出演者としての立場が与えられます。記者証・入場パスを与えられ、一般の方には立ち入れない場所での取材が可能になります。なぜ、その立場が与えられるのかといえば、もちろん、取材で得たことを番組で表現し、視聴者に伝えるためです。与えられたものを最大限に活かして結果を出すことが求められています。

「結果を出す」仕事とは？　それを考えた時、やるべきことはいくらでも創り出せます。今の私も、創り出す作業でいつも頭の中がいっぱい！　仕事で与えられた立場を当然だと思ってはダメです！　それはすなわち、謙虚さのない、受け身の仕事の始まりになってしまいます。小さな仕事でも、あの準備ができる、この準備もしておこう……そんな積み重ねが完成度の高い仕事につながっていくのです。

「突然何が起こるかわからない生放送」を担当していると、「慣れているので絶対、大丈夫」などということは決して言えなくなります。「慣れた」と思う顔には油断が宿ります。日常的に創造性を意識している人なら、「緊張感のある表情」をしています。ミスをした若手に注意をすることがあっても、その人に後者の姿勢を感じるなら、私は大丈夫だと思っています。

ちなみに今の私を「ベテランで落ち着いている」などとおっしゃる方がいますが、とんでもない！　年齢的な反応の遅れを感じている分、周囲の若いスタッフ達を巻き込みながら、「何か」が起きた時のために備える緊張感は常に持っています。

仕事を面白がる「好奇心」が言葉の説得力につながる

最近、与えられた仕事の軽重《けいちょう》や苦手意識を口にする人が増えているような気がします。私にそんな言葉は不要です。仕事は、必要だから仕事なのです。私が仕事に関わる時は「必要とされるその仕事の面白さはなんだろう?」と、好奇心を前面に押し出します。面白がる態度を仕事相手に示すことは、相手にも喜んでもらえることですし、私の特技の一つでもあります。

「何、何、何? 私にも教えて!」からの……「面白い!」と感じる作業は、自分の心も動くので、アナウンサーとしては言葉を発する時の説得力にもつながります。

これぞ取材の基本。取材力のある人は、経験の蓄積によって応用力もつきますから、すべてが話のネタになります。「面白いネタをたくさん持っている」、そんな自分になりたいと思い続けています。

ノーメイクで出社しない理由

言わずもがなのことですが、私自身はアナウンサーになって30年、ノーメイク＝素顔で出社したことは一度もありません。どんなに不規則な時間帯で仕事をしていても、家を出る時は必ずファンデーションで顔を整えて仕事に向かいます。それほどビフォー・アフターが違うのか？　ということを言いたいのではなくて……（笑）、突発的な事態にすぐ反応し、「現場に行け」「オンエアに対応しろ」との指示を受けたら、瞬時に動ける姿であることがプロのアナンサーだと思っているからです。

私にとって「メイクのスタンバイＯＫ」は、フットワークの良さを活かすことになり、アナウンサーとしてのチャンスも呼び寄せたと実感しています。

いつ誰に会っても、名刺代わりの顔に関しては心配いりません。ショートヘアを維持しているのも、いざとなれば自分で髪を濡らして手櫛でまとめられ、すぐに放送に臨めるからです。

自分のことをここに書いた理由は、その反対の事象があるからですが、管理職といえども今は直接言いにくい時代です。

「アナウンサーであることの『慣れ』が、油断になってはいませんか?」

私は隠喩でアドバイスしています。

SNS時代のアナウンサーの「自立」と「自律」

テレビ局のアナウンサーは、立場は会社員ですが、放送業務では名前や顔、声など、全身をさらして様々な情報を伝えるため、「一個人・一私人」の意識では仕事はできません。第6章でも書きましたが、半分「公人」と言えるのではないでしょうか。

業務を離れたプライベートな時間はもちろん自由ではありますが、業務と切り離して完全に自由とは言い切れません。なぜなら、一番大切な主役は「情報」なのであって、その伝え手であるアナウンサーが信用されてこその情報になるからです。プライベートな時間の過ごし方が、仕事にも影響する可能性があるという自覚が必要です。

世はSNSの時代。誰もが写真や映像を撮り、コメントとともに世界に発信する時代。テレビの影響の大きさから、アナウンサーの認知度も高くなり、興味本位でプライベートの時間を見られていることも多いでしょう。「アナウンサーは基本的に脇役・黒子の存在」と教えられてきたのが私達の世代ですが、最近では、アナウンサー達の中にも

「SNSで自分の情報を発信したい」と望む若手が増えてきました。

アナログ時代の閉鎖的な情報管理の時代を知っていると、今のような情報開示の世の中はとてもありがたく、考える選択肢も増えるので、社会が良くなるためには必要なことだと私は考えています。ただ、本当の公人、政治家や官僚がSNSで発信して物議を醸した過去のニュース・事柄から学ぶならば、半公人であるアナウンサーも、発信する目的・内容に責任を持てるのか、自分の発信情報に必ず賛否両論があることを冷静に受け止められるのか、SNSに関わる「自立」と「自律」が必要だと考えています。

私自身のSNS事情は、時折見はしますが発信は保留中です。基本的にアナログ派ですから、スマートフォンを見続けるよりも、もっぱらハードカバーの読書派です！

幅広いインプットが仕事の付加価値を高める

「豊田さん、アナウンサーとしてはね、商店街のような生活感たっぷりの中でイベントを盛り上げる司会もできて、カクテルドレスを着るような華やかな舞台での司会もできたら最高ね（笑顔）」

これは、私がまだ新人時代に大先輩に言われたアドバイスです。聞いた瞬間に、私の目標になりました。テレビを観ている視聴者、生活者の感覚を大切にして雰囲気を盛り上げる器量も必要なら、様々な一流の文化人を相手に緊張感のある場をほどよく仕切れる上品さも身につけたい……。そんな意味だと理解しました。欲張りな目標ですが、素敵な目標です。

テレビ局のアナウンサーとしては、与えられた業務を必死にこなす毎日。全速力で走り続けるような勤務状況が続いている時に、ふと言われたこの言葉。確かに、日々の仕事で学ぶことは多く、仕事が分かってきたと感じ始めたタイミングのこの言葉に、幅広いインプットの大切さを教えられたような気がしたのです。

忙しい仕事の中でアナウンサーとして色々学んではいても、その仕事の中でしていることは実はアウトプットの作業。本当の意味で仕事をより高いレベルに引き上げていくには、1人の人間として、豊かな人生のために仕事を離れた時間で学ぶべきことをインプットする、そういう時間も大切よと。最近の「働き方改革」の考え方がまさにそれですね。

以来、私にとってのインプットは充実しています。趣味が多いのも、そんな理由からです。振り返れば、そんなインプットのおかげで原稿を読む際の解釈も深くなりましたし、台本に付加価値を添えてディレクターに色々とアイディアを提示できるようにもなりました。今では、日本テレビのCSR（企業の社会的責任）活動などでも、そんな視点を活かしています。

第8章

私が新人アナウンサー研修でやっていること

新人研修こそ「鉄は熱いうちに打て」

アナウンサーという専門職であり、管理職でもある私は「後輩達にできるだけ言葉の間違いをさせない」ことも自分の仕事だと思っています。それは、放送上はもちろん、番組をつくっていく上でスタッフとの関係をうまく保つための言葉も含めてです。

実際のところ、読者の皆さんの中には、部下の言葉遣いにヒヤヒヤしている上司の方も多いのではないでしょうか？　上司の方にとっては、すでに自分の失敗経験があってアドバイスをしたくなるのだと思いますが、指摘されるほうはその理解には及ばない……。むしろ「パワハラだ」と思われてしまうこともあって、せっかく良かれと思って指摘している善意が、悪意にとられてしまう……厄介な時代です。

「アナウンサーの方達は、コミュニケーション能力のある人が採用されているのでしょうから、そんな心配がなくていいですね」と言われることも多いのですが、いえいえ！　そんなことはありません。先輩達がやいのやいの言って、本人がその気になればだんだん矯正されていき、ようやく一人前になっていくという状況は、どの企業でも同じです。先輩・後輩の垣根を越えて、アドバイスし合える雰囲気づくりをして、それを維持することがいかに大切であるか……以下、現場からリポートします。

私が新人研修に臨む際の気持ちは「鉄は熱いうちに打て」です。

私達は日常生活の中で、様々な「言葉」を使って生活しています。アナウンサーにとっては、その言葉が大切な仕事道具になりますので、慎重な使い方が求められます。そこで私は毎年、「放送用語」についての考え方を新人達に講義・研修するのですが、日常的に使っている自分の言葉の点検作業などしたことのない新人達は、研修中に「へー、そうなんだあ。知らなかったぁ」を連発します。

このリアクションを、私はじっくり観察します。どんな表情をしているのか。言い方は？　何か特徴的な仕草はないか？　この場を視聴者が見ていたらどう感じるか？　鬼教官としては好意的にではなく、むしろいじわるな視線で人間観察をします。

アナウンサーは「伝える内容で勝負」するのが本来の仕事ですが、実はそれ以前に、外見（視覚的なるもの）や声の出し方（聴覚的なるもの）でまず判断されてしまうこともあるのです。しかもそれは、本人は無意識でやっていることが多く、他人からは指摘されにくい部分でもあるのです。今や高齢化社会。アナウンサーのふるまいに厳しい視線を向ける年配の視聴者も少なくありません。そんな視聴者からお叱りを受ける前に、私から指摘しておこうという意図があるのです。

公共の電波で届けられる映像に全身をさらすアナウンサー、自分の準備が整っていない時でもカメラに映されていることなど往々にしてあるものです。例えば自分が知らないことを指摘された時、恥ずかしがる様子を示さないと、謙虚さを欠いた印象を持たれます。顎を上げて横目でつぶやく仕草や、他人の話を聞く時に口が半開きになっている表情が映し出されたら、印象はガタ落ちです。

講義を終えて、雑談に切り替えた時こそ、効果的な指摘のチャンスです。「テレビに映るアナウンサーとして大切なことだから、指摘しておくね」と切り出します。本人の素直な「気づき」につながるようアドバイスできるかどうか……ここは私の力量が問われます。複雑な表情をしている新人には「あなたの好感度が上がるポイントかも」といった呼び水をささやくことも忘れません。

プロのアナウンサーであっても、言葉の知識を身につけた上で、自身の中に定着させ、コントロールを利かせて伸び伸びと話せるようになるには、ある程度の時間と経験が必要です。一朝一夕には身につきません。そのため、こちらは時間をかけてじっくり指摘し続ける根気が必要です。

一方で、非言語コミュニケーションの部分に関して悪い印象を与える点があるとするなら、アナウンサーとしては早く直したほうがいいと考えています。これは視聴者と向き合う以前の、直接お世話になる番組スタッフに気持ちよく仕事をしてもらうための大切な要素です。第一印象の悪いアナウンサーほど、その部分が誇張されて噂が広まってしまうので、次の仕事にも影響してしまいます。最初が肝心です。

F3視聴者の代表として私がいる

民放のテレビ局は、基本的にスポンサーからの広告収入で成り立っていますから、視聴者のデータ分析には余念がありません。特に、子供・10代の若者・成人男性・成人女性という年代別の視聴者分析は番組制作上で相当意識するところとなっています。さらに成人女性の中でもF1（20～34歳）・F2（35～49歳）・F3（50歳以上）は人生における購買傾向が変わりますので、営業の動向や、それに即した番組づくりを観察していると非常に興味深いものがあります。

「テレビっ子」だった視聴者としての私も、F1、F2を経て、今やF3のカテゴリーに入るようになりました。

そんな私が、アナウンサーとして若手の育成に力を入れるようになって一番感じるのは、テレビの中で起こるマナー違反を指摘しないではいられないのがF3の女性達だということです。日本人としての躾《しつけ》や生活文化を維持してほしいとの願いが強いのがこの年代です。

ずいぶん前のことですが、あるアナウンサーが浴衣に着替えて旅館から中継を担当した時、左前でカメラの前に立ったことがありました。それほど長い間映っていたわけでもないのですが、驚くほど多くの善意の指摘電話を受けました。常識を知らなかったといえばそれまでなのですが、周囲の若いスタッフも気づかなかったようです。まさにF3の感覚は大切だと痛感したエピソードです。

私達の生活様式は年々変化しています。核家族化が進んでいる状況で、若者が知らないこともたくさんあるでしょう。そこで新人研修ではマナー研修も取り入れ、私自身はF3視聴者の代表として、視聴者側からの視点も踏まえて、自分の知っていることはできる限り教えておこうと思っています。

ちなみに、そのマナー内容はやはり「衣食」や「礼儀」に関するものが中心です。

「想像力」があってこその「発信力」

「想像力、想像力……」。若手の前で、私は呪文のようにこの言葉を唱えています。マナーはルールとは違いますから、TPOで独自の判断も必要となります。「そんなこともわからない？」ではなくて、「こんなことも、あんなことも考えられるから、想像力を働かせよう！」です。

自分のコメントや行動がどんな影響を及ぼすか、それは自分の意図した狙いなのか、誤解につながらないか、人を不愉快にさせないか、自分が最後まで責任を取れるものなのか、誰かのために自分にできることはないか……あれこれ想像し、深く考えることを習慣にすることが大切です。

例えば天気予報を担当し、「明日は気温も低く、寒くなるでしょう」とコメントするアナンサーが、半そでの服装では説得力がありません。事件や事故を伝えることの多いニュース番組で、女性キャスターが簡易な服のイメージが強いノースリーブ姿で出演するのは、ニュースの当事者の方の心境を想像すると、礼を失するのではと思われてもしかたありません。こういったことはスタイリストの責任にはできません。衣装も、身につけている人からの情報の一つと考える必要があります。

食リポなどでは、事前に箸のマナーのおさらいくらいしておきたいものですし、ロケの展開の中でお酒が出てきたら、局アナの立場上、視聴者にどう受け止められるか、対処の方法にも想像力が必要です。

今やSNS全盛の時代。誰もが「自分が発信することのやりがい」に目を奪われがちですが、日常の想像力がたくましくあってこその発信力です。想像力が、多くの人への思いやりにつながる社会であってほしいと願います。

「放送禁止用語は存在しますか？」

「放送禁止用語は存在しますか？」

新人研修の講義では、最初にこの質問をします。答えはもちろんNO。私達は憲法で「表現の自由」が認められていますので、禁止されている言葉はありません。同様に、憲法では国民の誰もが「基本的人権が尊重され、差別をされない」ことを認めています。そのため、私達は「放送禁止用語」などというものに縛られずとも自主的に、人権を尊重し、差別を否定する精神でより良い表現を考えて放送に臨もうと考えています。

放送上の表現は何でも許されるわけではなく、心が傷つけられる人はいないか、不快感を持つ人はいないか、常に気を配る必要があります。「この言葉を使ってはいけない」などという単純なものではなく、文脈や状況によっても偏見や差別につながることがありますから、放送人として正しく心を整えることが大切だと思います。

これは当然と言えば当然、放送の現場でなくても、社会全体でそうあってほしいとも考えますが、皆さんの職場ではいかがでしょうか？

「言葉は身の文」とも言われます。日常生活の言葉遣いがぞんざいな人は、必ず仕事でもその気持ちが出てしまいます。話題にする内容も、その人の生活感を隠せません。誰がどんな会話をしているか、マネージメントにおいても日常の会話が大事な要素となるわけです。ちなみに私は、他の事務処理仕事をしながらでも、周囲の会話はしっかり聞いているタイプです。２つ、３つのことを同時進行で考えられるようにするのは、生放送を担当するアナウンサーの特技です。

新人の言葉遣いから分かる「今」

新人研修をしていて、なぜこの人はこのような読み方・言い方をするのだろう？と不可解に思うことがあります。よく観察をしていると、様々な現代の生活の特徴が浮かび上がってきます。

「過剰敬語」や「謙譲語表現の間違い」は、ほとんどの若手が最初にぶつかる課題です。放送では、局アナである自分と、番組ゲスト、その番組を観ている視聴者という三角形の関係で、それにふさわしい敬語が求められますから、理論的に正しい敬語表現を身につけていないとうっかり「落とし穴」にはまってしまいます。本来は、日常生活の様々な人とのコミュニケーションの中で自然に身につけたい敬語表現ですが、スマホ世代には、立場の違う大人との会話の機会が少なかったり、飲食業のアルバイトで固定化されたマニュアル敬語を身につけていたり、就職活動の面接でへりくだった表現を必要以上に使い続けて、その表現が口癖になってしまったりといった状況が影響しています。

ニュース原稿を読む時に文字を指でなぞる仕草を見せたり、原稿にニコちゃんマークを描いていたりする不可解な光景も毎年のことです。

今や学生が時事ニュースを知る手段はインターネットが主流。新聞を読むことも少なければ、教科書以外の読書量も非常に少ない。自分が読む情報のほとんどが横書きであるために、縦書きのニュース原稿を読む時の目の動きに不安を感じて「指なぞり」が始まるのです。さらに、ネット情報はサイズ的に一画面で内容を確認できますが、ニュース原稿の場合、何枚もの原稿を読むことになります。「見出し」の役割を果たす1枚目のリード（アナウンサーが顔出しで伝える部分）で、そのあとの明るいニュースを伝える表情をつくりたいが、頭が追いつかないので「ニコちゃんマークに反応して笑顔になろう」と考えるのだそうです。これはニュース全体を下読み段階で理解しきれていない証拠です。ついでに、「この言葉の定義はわかっている？　自分で調べてごらん」と辞書を渡すと、その辞書を引く作業に時間がかかること、かかること……。デジタルなネット世代ならではの不器用な様子が浮かび上がります。

我々が「紙の世代」ならば、彼らは「タッチパネル世代」とでも言いましょうか。一方こちらが教えるばかりではなく、実は教えてもらうこともたくさんあります。ＩＴ関連の難解な解説や、ネット上での手際のよい情報収集の仕方、サブカルチャーの知識などに関しては瑞々しい感性で、その魅力を教えてくれます。マンガやアニメ、ゲームのはやりなども含め、私が「生きた今の文化」を知る橋渡し役となっているのは、間違いなく若手の皆さんです。

誤読注意の「ヒヤリハット掲示板」で若手を理解

バラエティ番組などで日本テレビのアナウンス部内の様子をロケする時、一番分かりやすい「アナウンス部らしさ」として撮影されていたのが「誤読注意！」の貼り紙。過去の失敗を目に焼き付け、同じ間違いをしないよう促したあの壁紙は、私が書いて貼り出したものです。今は部内の棚を増やすために撤去されましたが、ある時、アナウンサーの誤読が続いたことがありました。そうなると、私は関係者から呼び止められます。

「豊田さん、この言葉はアナウンサーにきちんと読んでもらうためにルビが必要な言葉ですか？」と。他にも、「最近あったアナウンサーの誤読、ご存知ですよね？」などと、ミスを知っているかどうかを試されることも。

とにかく、局アナウンサーの誤読や間違った言葉遣いを耳にすると、その事実は注目されやすく、なかなか忘れてもらえません。「〇〇を××と読んだ△△アナウンサー」などという悪いレッテルを避けるために、若手がミスを報告しなくなってきたらマネージメント上問題となります。

周囲から若手の誤読を注意するための方法を相談され、結局私が辿り着いたのは、壁紙ならぬ、イントラネット上のアナウンサーだけが見られる掲示板で注意を促すこと。その名も「ヒヤリハット掲示板」。過去にアナウンサーが「ヒヤリ」とし、「ハッと」してきた言葉集という意味で名付けてみました。こうなれば徹底的に作業を進めます。過去15年分、日本テレビが視聴者から指摘された誤読を全部書き出し、傾向と対策をまとめて部員たちに提示することにしました。地味な作業ですが、若手のミスの傾向を分析することにもなり、アドバイスする際の参考資料にもなります。

最近、ようやくポツリポツリとその内容に関して質問をしてくる後輩が出てきましたが、こちらが若手のことを理解するためには、間口を大きくして（労を惜しまず色々と試してみて）、飛び込んでくるのを待ってあげるのも必要かなと考えるようになりました。「余計なお世話」かもしれませんが……（苦笑）。

言葉の世界は奥が深い。専門職であるアナウンサーとしても、組織に属する会社員としても、様々な角度からコミュニケーションを考えることが私はどうやらとても好きなようで、自分の職場に本当に感謝しています。

おわりに

会社に残ることがアンチエイジングにつながる

更年期の感覚をオンエアでリセット

私が受け止めなければならない重要な事実、それは年齢的には「ザ・更年期」ということです。

体の感覚が若い頃とは相当違ってきていて、イメージの中の私はいつものように軽やかに走っているつもりでも、実際には結構ドタドタしているぞと感じることが増えました。毎日が「はじめまして、昨日よりも1日歳をとった中年・豊ちゅん（私の愛称）」です（笑）。

自分の感覚がゆるやかに右肩下がりに変化してきている時期であるということを自覚する毎日。それを放置せず、どうやってあきらめずにもとの感覚に少しでも近づこうとするのかというと、私の場合は毎週末のオンエアがものすごく大事なポイントになっています。

週末だけのニュース担当ですが、『NNNきょうの出来事』担当の素地がありますから、平日のニュースの情報更新をしっかりした上で放送に臨む必要があることも分かっていますし、ニュースを伝える「読み」にしても、「たかが数分、されど数分」です。オンエア開始直前、時には番組が始まってから渡される初見《しょけん》の「突っ込み原稿」であっても、視聴者が理解しやすいように読んで、コマーシャルまでの確定時間におさめるということにも集中しなければなりません。自分がすべきこと・時間管理・周囲のスタッフの動きの意味を察知すること……と、同時進行の作業がいくつもあって、感覚は今でも研ぎすまされます。さらに言えば、「働き方改革」実践中の週末の脆弱な態勢で仕事をしていますから、若い見習いディレクターに色々と教えてあげることも必要で、実はやるべきことがたくさんあるのです。

お陰で、「ベテランでございい」などと「のほほん」とはしていられません。常に変化している現場では勘を鈍らせないですむ上に、現在の放送現場事情をしっかり観察することができます。次世代のアナウンサー達のためにしっかり研修ができるよう、今の放送現場のポイントをきちんと押さえられるという利点もあるのです。

ジョギング、ウォーキング、鑑賞、料理

アナウンサーは基本的に「肉体労働者」です。体力維持や体調管理といったセルフマネージメントも非常に大切な要素です。そのため、私は運動もしっかりしています。週に数回ジムに通うこともあれば、ジョギングも大好きで、コロナ禍の期間

中は月に100キロメートル以上走っています。体力・体調に加え、体型維持も目指すところで、20年前のスーツを、まだなんとか着ることができます。ジョギングの時間がとれない時はウォーキング。会社の行き帰りで1駅、2駅は当たり前に歩きますし、駅では階段を使います。1日1万歩が日常的な目標です。

出張の時こそ、独り取材を兼ねたウォーキングは気持ちが盛り上がります。自分の生活圏を離れた出張先は、「他の仕事で話のネタに使えるかも？」などと思うのが職業病となっていて、あちこちを歩き回ります。こういう時は体の健康というよりは、精神的な健康維持につながります。自分が動くことによる視覚的な刺激は、私に必要不可欠のこととなっていて、神社仏閣巡りや絵画鑑賞、映画や演劇を観たり、コンサートもよく行ったりします。もともと食いしん坊ですので、料理も好きです。30分に3品つくるとしたら、どの順番で火にかけるかとか、使った調理器具を洗いながら料理をつくる段取りとか、そんなことを楽しみながら生活を充実させています。

会社にいると新しいことがやって来る

　私は何よりも「日本テレビに入社して、本当に幸運だった」と心から思っています。入社当時は、30年後の自分を予想することなど全くできませんでしたが、30年たった今となっては、この会社にいることが新人の時の気持ちを忘れずに心を老けさせないでいられる、アンチエイジングにつながっているようにも思うのです。様々な年代の人と一緒に仕事をし、常に新しいことに挑戦するチャンスがあるわけですから。自分が良いアイデアに辿り着けなくても、時代が変わり、社会が変われば、価値観や人の考え方も変わり、勝手に色々なことが向こうからやって来るので、それに対応しているだけでワクワクした気分になります。例えば……。

　マスメディアの主役でもあるテレビ。しかし、今やインターネットの勢いを無視できない状況にある中、テレビもその勢いに乗っていこうということで、日本テレビは地上波放送の各番組と連動してインターネットでの展開にも力を入れています。様々なキャンペーンに取り組んでいるのを、皆さんもご存知だと思います。

　そういったインターネット展開となると、テレビほどのクオリティは求められず、「出演者にお任せ」的要素が強くなってきます。そんな中でやって来る「豊田さんにお願いがあるんですけど……（苦笑）」という依頼。こういう時こそ、私は二つ返事で引き受けようと思っています。内容は実に様々。数分のエクササイズダンスを踊ってほしいとか、アナウンス研修を活かした顔トレーニングのナビゲーターをやってほしいとか（笑）。思えばバラエティ番組でちょっと羽目を外したシーンがYouTubeにアップされ、小学生の女の子に「私もアナウンサーになりたいです」と声をかけられたりもするようになり、いやはや、何がどうなっていくか分からない時代を面白がれる自分でい続けたい。そんなふうに受け止めています。

「あの映像」について

「何がどうなっていくか分からない」といえば、あの映像。通常番組が突然切り替わって、私がワンショットで「原稿がないの！」と叫んで始まるあの映像。日本テレビのアーカイブに残っていないのに、一般の方がYouTubeに投稿しているため、なぜかご存知の方が多いあの映像。検索ワードで「豊田順子」と打てば、「原稿がないの」に続くあの映像。とほほ……（溜息）。

2001年11月30日（金）、「その時」にまた私は報道フロアにいたのです。ご懐妊が発表された雅子さまが、前日の夕方に宮内庁病院で検診を受けられた情報を踏まえ、「ご出産は近い」との予測から私もすでにスタンバイに入っていました。当然「その時」に備え、これまでの経緯を伝えるVTRが用意され、他局よりも先んじて「今」を伝える熱気が報道にありました。そして30日の夜、通信社から「雅子さまが宮内庁病院に向かわれた」との知らせが入ります。そうなれば、報道は一気に熱を帯びます。「ブレイキングだ！　豊田、キャスター席に着け！」との指示。渡されたのは、「雅子さまのこれまでの経緯をまとめました」と書かれた原稿1枚のみ。日本テレビ宮内庁記者による、今の情報を伝える原稿は、私の手元にはまだ届いていません。その流れの中で私が発した「早く日本テレビとしての原稿をください！　原稿がないの！」という言葉だったのですが、その言葉の途中、いきなり「原稿がないの！」が放送にのってしまったというのがあの時の状況だったのです。

私自身は、これぞ局アナの運命と思っています。日本テレビが放送した映像はすべて「商品」。局員である以上、責任があります。この失敗を受け止めることも、局アナの仕事。言い訳はできません。当時は、「原稿がないの！」が放送されていることを私は知らされていませんでしたから、今、遅ればせながら「視聴者の皆さん、ごめんなさい！　失礼しました」という気持ちでいっぱいです。そんな思いとともに、同じ失敗を後輩たちに繰り返させないために、自分の中に蓄えられた良い経験も、悪い経験も全部活かしてしっかり研修ネタにしていこうと思っています。

そして皆さんご存知のとおり、翌日の12月1日には愛子さまが元気に誕生されました。ニュースで愛子さまの誕生日を伝える時、私の中では、あの前日の大失態をしっかり思い出し、それ以上のお祝いの気持ちを声にのせています。

私の人生、「継続は力なり」

気がつけば、アナウンサー生活30年。実に様々な経験をさせてもらってきたなと思います。ここ数年「鬼教官」と呼ばれることも、この年齢だから得られた名誉だと思っています。

会社員でいる以上、年齢によるレールは敷かれています。体調の変化と管理職という新しい責任が一緒にやって来て、定年退職に向けたカウントダウンが始まりました。日本テレビの定年は、アナウンサーも他の社員と同様60歳。そのあとも形を変えた契約で会社に残る道はありますが、残り時間が短いことは確かです。

私が仕事をする上での残り時間は、期せずして「ウィズ・コロナ」「アフター・

コロナ」と重なってしまいました。どんな状況をも鑑みる経験は積んできていますので、無自覚にバラ色の未来を語りにくくなっています。自宅で夫婦でよく話すのは「だからこそ今を大切にしよう」「今をしっかり生きていこう」ということです。多くの視聴者の皆さんにつながるカメラの前で私は本当に多くのミスをしてしまったけれど、私に誇れることがあるとするなら、決して逃げ出さなかったということです。今、自分が置かれたアナウンサーという立場からも、会社員という立場からも「逃げなかった」という思いは、今後、私の残りの人生を豊かにしてくれるだろうと思っています。

辞めない理由とコロナ禍

思い返せば学生時代、バブル末期に就職活動を始めて以来、私は「腰かけ就職で専業主婦になるのか」「キャリア志向で進んでいくのか」、2つの選択肢を幾度も問われてきたような気がします。私自身は「経済的に自立する」ことが第一の目標だったので、そもそも最初から仕事を辞める気など毛頭なく、アナウンサーの仕事を始めてその魅力に取りつかれてからは、いくらでも自分自身の成長のために挑戦したい課題が生まれて今に至っています。精一杯仕事に取り組んできて、あっという間の30年でした。簡単ですが、それが「辞めなかった理由」です。

１９８９年６月３日・土曜日の私の手帳には、午後２時30分から「日本テレビアナウンス講習会適性審査」の面接を受けたことが記されています。その時の面接官に「あなたが今、興味を持っていることは？」と問われ、「男女雇用機会均等法の施行を受けて、様々な業種の『女性第１号』の紹介記事を新聞で読むのが、今一番ワクワクしていることです」と答えたことを憶えています。奇《く》しくも、その面接官が後に民放の女性アナウンス部長第１号となる石川牧子さんで、こんな私が均等法第一世代の経験を本にすることになるなんて、時の流れをしみじみ感じるとともに、とても不思議な気持ちでいっぱいです。

２０１９年の夏にこの本の企画が動き始め、その後、同年代の編集者の方々と私のキャリアにおける話を進める中で、仕事場で感じてきた時代や社会、何よりも組織の中の人々の変化を振り返り、共感し合うことで、同じように様々な組織の中で必死にがんばる女性達へのエールにならないだろうかと考えるようになりました。

原稿にする作業が始まったのは２０２０年。本業としては、東京オリンピックで活躍する後輩アナウンサー達の仕事ぶりを見守りつつ、いざというときの放送のカバーに入ることも考えていた矢先……。私が担当する2020年1月11日・土曜日の『NNNストレイトニュース』の中の1項目、わずか50秒で伝えた「中国・武漢で原因不明の肺炎で1人死亡」のニュースが、これほど世の中を、世界中を変える事態になるとは、想像もしませんでした。

アナウンサーとは現場で取材をしてこその仕事、という自負があります。フットワーク&コミュニケーションを第一に考えてきた私ですが、こと新型コロナウイルスのパンデミックにおいてはそんなことは言っていられません。私たちアナウンサーも日常生活における手洗い&うがい、マスク（ここまではアナウンサーにとって冬の生活の基本）、3密（密閉・密集・密接）回避が求められます。放送の現場においても、スタジオにはアクリル板を何枚も置き、ソーシャルディスタンスやリモート出演で対応。毎朝の体温測定といった体調管理と報告、取材やロケも、打ち合わせや移動手段も、とにかく感染防止策を優先する事態となりました。

まさか、「アナウンサーが在宅勤務する時代がくるなんて……」。かつて先輩アナが帰宅するまでは自分も帰れず、自分の時間を売ることも仕事だなどと考えていた時代を思い起こすと、何とも心の整理のつかない事態です。

一方で2020年入社の新人アナウンサー達の、研修から始まる仕事人生はここまですべてリモートです。社会人となって一番刺激を受けるはずの時期に、先輩から直接言葉の間違いを指摘されたり、いじわるな会話を投げかけられたり、会社の電話をとるチャンスさえない！　コミュニケーションの仕事なのに、人との対面を充分に許されない新人達を本当にかわいそうだと感じたのも正直なところです。

しかし！　です。環境が変われば、人間は対応するものなのですね。環境の厳しさは、私達の時代のそれとは全く違うものですが、その時代なりに、厳しければ厳しいなりに、何とかするのが人間の力のようです。日本テレビのバラエティ番組『人生が変わる1分間の深イイ話』で、新人達の成長記録が放送されていますが、私から見ても、数年上の先輩達たちよりもずっと自立心が育っているように感じました。逆境を自分の力に変える、たくましいところがあるようにも感じます。

かつては私達も先輩達から「新人類」と揶揄《やゆ》されていました。でも、ここまで「何とかなるさ」の精神でやってこられました（苦笑）。この先、今の若者達の特徴を「コロナ世代」とか「リモート世代」などと呼ぶようになるのでしょうか？　それが社会の力になる、良い意味での言葉になることを心から願います。人間の知恵の中には「歴史（過去）に学ぶ」ということがあります。これからの後輩達には、ここに記した私の経験を何かの役に立ててもらえたら、うれしく感じます。

ウィズコロナ、アフターコロナの時代は、はたしてどんな世の中が待っているのでしょうか。会社という組織は、ビジネスの現場ですから、コロナ禍で変化した経済状況の影響を受けつつ、いかにして利益を出して生き残っていくかが大きな課題になることでしょう。ビジネスパーソンとしての進化と真価がますます問われる時代になるのだと思います。

一方で、今や多様性の時代。家族の形態も様々。子育て、介護、更年期、夫婦のあり方、独身、ＬＧＢＴＱ……様々な事情を抱えながら、一生懸命仕事を続けている方も多いことでしょう。そんな中でＳＤＧｓ（持続可能な開発目標）に多くの企業が活路を見出し、間違いなく社会が変わろうとしています。そこにコロナ禍が加わり、私自身がこの30年を振り返って今思うことは、新型コロナウイルスは私達に何かを学ばせようとしているのではないかということ。過去は過去。大切なのは未来です。これからの社会をどのようなものにしていくのかを、私たち1人ひとりが真剣に考え、行動していくことが良い変化をもたらすはず……そう思うと、これもまた私にとっては「辞められない理由」になりそうです。

著者　豊田順子（とよだ・じゅんこ）
日本テレビ 編成局アナウンス部専門部次長　日本テレビ アナウンサー
1966年、長野県中野市生まれ。埼玉県岩槻市育ち。埼玉県立浦和第一女子高等学校卒。立教大学文学部（英米文学科専攻）卒。1990年、日本テレビ放送網株式会社に入社。アナウンス部に配属され、『スポーツジョッキー　中畑クンと徳光クン』でアナウンサーとしてデビュー。以降、『スポーツうるぐす』『NNN きょうの出来事』など、主にスポーツ、報道分野の番組に出演。現在は『NNN ストレイトニュース』などに出演しながら、新人アナウンサーの研修・人材育成も担当。

ブックデザイン
タカハシデザイン室

カバー撮影
小山昭人（FACE）

構成
桜井美貴子（エイブル）

編集協力
布施菜子

編集
君塚太、野崎博和（TAC出版）

出版プロデューサー
将口真明、飯田和弘（日本テレビ）

辞《や》めない選択《せんたく》
専門職《せんもんしょく》だからできる組織《そしき》の生《い》き抜《ぬ》き方《かた》・人《ひと》の育《そだ》て方《かた》

2021年4月3日　初　版　第1刷発行

著　者　豊田 順子
発行者　多田 敏男
発行所　TAC株式会社　出版事業部(TAC出版)
〒101-8383　東京都千代田区神田三崎町3-2-18
電話　03(5276)9492(営業)
FAX　03(5276)9674
https://shuppan.tac-school.co.jp

組　版　有限会社 マーリンクレイン
印　刷　株式会社 ミレアプランニング
製　本　株式会社 常川製本

落丁・乱丁本はお取替えいたします。

ISBN 978-4-8132-9648-5
N.D.C. 934